쉽게 배우고, 함께 즐기는
법과학 실험

천만석 · 강광일 지음

FORENSIC SCIENCE LAB

좋은땅

강광일

현 한국과학영재학교 명예교사

프랑스 파리 6 대학교 분자 세포 생물학 박사

천만석

한국과학영재학교 화학생물학부 교사

서울대학교 화학부 생분석화학 박사

법과학 실험

“사람들은 거짓말을 하지만 우리가 인정하는 것은 증거뿐이다.” – 그리섬 반장.
“People lie, Professor. The only thing that we can count on is the evidence.”
Gil Grissom, 〈CSI: Crime Scene Investigation〉.

　2000년부터 시작된 미국 라스베이거스를 배경으로 한 과학범죄수사 드라마 〈CSI(Crime Scene Investigation)〉는 대성공을 거두었고 그 후 수많은 과학 수사 드라마가 유행하였다. 첫 CSI 드라마는 그리섬이라는 매력적인 주인공이 있었다. 그리섬은 드라마에서 과학범죄수사팀을 이끄는 반장으로 생물학 전공, 특히 법곤충학 전문가로 나온다. 법과학(forensic science)은 해부학, 곤충학, 혈액학, 유전학과 같은 생물학자와 섬유화학, 분석화학, 독성화학 등과 같은 화학자 및 물리학자, 공학자, 컴퓨터 전문가 등과 같은 다양한 분야의 융합연구가 필요한 학문이다. 한국과학영재학교가 카이스트의 부설이 되면서 교육과정의 전면적인 개편이 있었고 융합교육의 필요성에 따라 법과학이 융합과목으로 개설되었다.

　법과학 개설의 아이디어는 화학과의 천만석 박사님이 케미파일을 운영하면서 법과학 실험들을 해 왔고 그 자료를 기반으로 생물과에서 필자가 과목을 개설하여 2021년까지 수업을 진행하였다. 그러나 필자가 학교를 떠나면서 법과학이 역사 속으로 사라지는 것을 아쉽게 생각하였으나 다행스럽게도 천만석 박사님과의 공동작업으로 이번 기회에 새롭게 법과학 실험을 정리할 수 있게 되어 무척 기쁘게 생각한다. 돌이켜보면 법과학 수업을 2015년 시작하면서 처음 준비에서는 많은 시행착오가 있었고 너무 과욕을 부린 많은 실험들이 바뀌기도 하였다. 화약흔 실험을 위하여 실탄사격장에서의 야외수업, 법곤충학 실험을 위해 노벨공원 일부를 범죄 현장처럼 꾸미고 한 야외수업 등은 너무 시간을 요하는 어려운 실험이었다. 신발자국실험을 위하여 실험 재료들을 잔뜩 들고 야외로 나갔으나 신발 자국이 잘 찍히지 않아 당황했던 기억, 지문 실험을 위하여 자유롭게 채취하라고 했다가 실험실 벽 바닥이 온통 지문파우더로 난리가 난 기억 등을 바탕으로 하여 본 실험서에서는 예측되는 오류는 최대한 피하면서 실험 시간 내 학생들이 흥미롭게 실험할 수 있도록 준비하였다. 법과학은 힘든 과학 실험이지만 어떤 거짓이 있어도 과학적 증거는 진실을 밝히게 된다는 목표를 가지고 다양한 학문들이 공동작업으로 어우러져야 한다. 이것은 우리가 과학을 공부하는 궁극적인 이유와도 일치한다.

　법과학의 제1원칙으로 여겨지는 로카르(Edmond Locard)의 교환법칙(Locard's exchange principle)은 간단히 "모든 접촉은 흔적을 남긴다"이다. 흔적을 발견하고 진위 여부를 판단한 후, 흔적이 증거가 될 수 있도록 검사·분석하여, 부분적으로 알아낸 결과를 종합적이고 논리적으로 추론하는 활동을 포함한다. 수사나 재판에 있어서도 물증의 중요성이 강조되고 있다. 이러한 비진술증거, 특히 물증은 감정을 매개로 하여 유력한 증거가 되는 경우가 많고, 과학적 수사의 필요성으로 인해 증거수집활동 단계에서부터 전문가의 도움을 받을 기회가 많아지고 있다. 과학적 접근을 기본으로 현장에서의 보존 및 수집, 수집된 자료의 분석, 검사, 그리고 조각난 여러 자료의 논리적인 해석과 자료 사이의 종합적인 결론 등이 법과학의 주요 과정이다. 문제를 발견하고 자료를 수집·분석한 뒤 이를 해석해 결론을 도출하는 연구 과정과 유사하다. 법과학 수업을 통해서 이러한 과정적 절차를 경험함으로 전문가로서 과학적인 데이터를 제공할 뿐만 아니라, 여러 데이터를 모두 만족할 수 있는 결론을 얻기 위해 퍼즐처럼 문제를 해결하는 경험을 갖도록 하고자 한다.

　과학수사는 현장에서, 법과학은 현장 및 연구실에서 주로 활용이 된다고 한다. 모두 서로 다른 분야에서 발전한 기술로부터 과학수사에 필요한 부분을 가져와 법과학에 적용해서 사용하게 된 것이다. 예를 들어 혈흔 속 DNA 감식을 해야 한다면 DNA 감식 기술과 혈흔 형태 분석 기술을 함께 응용해 범죄를 해결하는 것이다. 이처럼 각 분야는 개별적이고 전문적이지만, 법과학은 전체적으로 범죄 해결을 위해 각 분야를 유기적으로 활용하는 응용과학이다. 일상 생활에서 간단히 확인할 수 방법들을 위주로 활동할 수 있는 실험을 선정하였다.

　고등학교 수준에서 하기 힘든 실험 대해서는 학생 자료 조사 및 수행 과제로 제시하였다. 직접 경험하지는 못하지만 관련된 자료를 얻을 수 있는 방법이 많이 있으니 학생들은 자료 조사를 통해 관심 분야에 좀 더 구체적인 지식을 얻을 수 있을 것이다.

　이 책은 강광일 선생님의 법과학 수업 자료를 바탕으로, 고교 수준에서 실험 가능한 내용을 중심으로 구성되었다. 또한 실습 중심으로 진행하면서 관련 이론은 학생이 자기 주도 학습하도록 구성하였다. 보다 전문적인 내용은 관련 참고 도서, 정부기관의 실험서, 학회지에서 찾을 수 있다. 학회는 대표적으로 미국은 AAFS(American Academy of Forensic Sciences)가 있고, 한국은 한국법과학회가 있어 학회 발표 및 논문집을 발간하고 있다.

　한 학기를 통해서 각각의 실험법을 익히고, 이를 심화할 수 있는 수행을 거쳐서 법과학의 특정 분야에서 보다 심화된 경험을 쌓는다. 이를 통해 팀으로 새로운 문제 상황을 제시하고 그 근거를 마련하는 능력을 기르는 것을 목표로 한다.

목차

문서 위조 조사(필적 감정)

반		팀 이름		날짜	
학번과 이름					

🔍 목적

의심스러운 문서의 필체를 분석하여 문서 작성자를 확인한다.

🔍 사례 정보

생활관 야간 출입을 위하여 지도 교원이 아닌 제3의 인물이 지도 교원인 것처럼 서명하여 제출했다는 제보를 받았다. 오늘 여러분에게는 지도 교원 서명 및 일부 구성원의 서명 사본이 제공된다. 위조하여 사용한 용의자 X를 밝혀 보자.

🔍 범죄 수사관으로서 여러분의 임무

필적 감정을 통하여 위조된 서명과 가장 유사한 서명을 찾아내는 것이다.

🔍 재료 및 도구

입체 현미경 또는 돋보기(확대경) 위조된 서류

줄이 없는 흰 종이 투명 모눈 종이

검은색 펜(같은 브랜드 제품), 팀당 하나 지급

각도기, 자, 가위, 포스트잇, 칠판용 자석(원본 제공용)

🔍 절차(실험 방법)

■ 수업 전

1. 주어진 양식(야간출입허가신청서)을 잘라서 사용한다.

2. 모든 학생에게 제시된 내용을 주어진 양식에 손글씨로 쓰게 한다.

3. 지도 교원은 학생들이 제출한 양식에서 복사 또는 스캔하여 항목3과 4번을 사용한다. 모든 학생의 항

목3번과 4번을 모아 붙인다. A4는 4개 정도, B4는 6개, A3에는 10개 정도를 붙일 수 있다. 무작위로 부착된 종이에 순서대로 숫자를 적어 식별할 수 있게 한다.

4. 지도 교원은 모두에게 나누어 줄 수 있도록 여러 부를 복사한다. (용의자 전체)

5. 지도 교원은 학생들이 제출한 양식에서 하나를 골라서 특정 학생이 작성한 항목 4번의 지도 교원 및 연락처 부분만 오려서 각 조에게 나누어질 수 있도록 여러 부 복사한다. (비교 대상)

야간 출입 허가 신청서

우리 KOSA 생활관생수칙에 따라 야간 출입에 관한 관생의 신청사유 (논문 준비 및 실험, 졸업 준비 등)와 지도교원님의 의견을 참고하여 허가하려고 하니 구체적인 사유를 기재하여 주시기 바랍니다.

1. 소속
학번 (   ) 반 (   ) 성명 (   )

2. 입주 호관 및 호실
호관 (관) 호실 (실)

3. 신청기간 및 신청사유
신청기간 (~   )
신청사유

4. 지도교원 의견(※ 반드시 **지도 교원의 자필 서명** 및 의견 작성 부탁드립니다.)
의견

지도교원   :   (서명) (연락처 :   )
신 청 자   :   (서명) (연락처 :   )

20   년   월   일

KOSA생활관장 귀하

야간 출입 허가 신청서

우리 KOSA 생활관생수칙에 따라 야간 출입에 관한 관생의 신청사유 (논문 준비 및 실험, 졸업 준비 등)와 지도교원님의 의견을 참고하여 허가하려고 하니 구체적인 사유를 기재하여 주시기 바랍니다.

1. 소속
학번 (   ) 반 (   ) 성명 (   )

2. 입주 호관 및 호실
호관 (Chang-jo 관) 호실 (5606 실)

3. 신청기간 및 신청사유
신청기간 (20 . . . ~ 20 . . .)
신청사유 A thesis experiment for graduation

4. 지도교원 의견(※ 반드시 **지도 교원의 자필 서명** 및 의견 작성 부탁드립니다.)
의견 Risk of fire and water leakage during the experiment,
requiring periodic observation.

지도교원   :   forensic   (서명) (연락처 :   051-432-6789   )
신 청 자   :   (서명) (연락처 :   )

20   년   월   일

KOSA생활관장 귀하

■ 수업 시

1. 각 조에 전체 학생의 항목3과 항목 4가 있는 복사한 출력물(용의자 전체)을 배부한다.

2. 각 조에 지도 교원 및 연락처가 있는 출력물(비교 대상)을 배부한다.

3. 여러 가지 도구(자, 각도기, 현미경, 돋보기 등)와 지식을 활용하여 비교 대상과 같은 손글씨를 개인 및 팀 활동으로 찾아라.

4. 복사물로 확인을 하고 난 후 원본과도 비교하라.

* 용의자 전체를 작성한 후 특징이 적은 학생을 따로 불러서 비교 대상 부분을 다시 쓰게 하여 사용할 수 있다. 이때 평소와 같이 또는 다르게 적어 달라고 요청한다.

* 비교 대상 부분을 축소 또는 확대하여 제공할 수 있다.

* 숫자 부분이 독특한 경우가 많으므로 준비할 때 숫자를 제외하는 것도 좋다.

🔍 데이터 기록

12가지 기준에 따라 주요 요점을 제시해 보자.

카테고리	위조된 사인	(강력한) 용의자로 판단된 사인
라인 품질		
단어와 글자의 간격		
글자의 높이, 너비 및 크기 비율		
리프팅 펜		
연결 획		
시작 및 끝 획		
비정상적인 글자 형성		
필압		
기울기		
기본 습관		
멋진 글씨 쓰기 습관		
분음 부호 배치		

1. 문서에 위조 서명을 한 사람은 누구라고 판단하는가? 앞 페이지를 참고하여 근거를 제시하라.

2. 팀원과 논의하여 법정에서 증언할 정도로 결정에 확신이 있는 요소를 근거를 제시하면서 정리하여라.

3. 제시된 방법 외에도 다양한 필적 감정 방법들이 있다. 찾아서 방법을 짧게 정리해 보자.

4. 영어와 한글의 필적 감정 방법의 차이는 무엇이 있는가?

🔍 참고 자료

A. 손글씨 비교를 위한 12가지 기본 특징(영어 용어 표시 또는 참고문헌 제시)

1. 선의 품질: 글자가 흐르는가, 아니면 매우 의도적인 획으로 쓰여졌는가?

2. 단어와 글자의 간격: 단어와 글자 사이의 평균 간격은 얼마인가?

3. 글자의 높이, 너비, 크기 비율: 글자가 일정한가?

4. 펜 들어 올리기: 작성자가 단어 쓰기를 중단하고 새 단어를 시작하기 위해 펜을 들어 올리는가?

5. 연결 획: 대문자와 소문자가 어떻게 연결되어 있는가?

6. 시작 및 끝 획: 글자가 페이지에서 어디에서 시작하고 끝나는가?

7. 비정상적인 글자 형성: 비정상적인 경사나 각도로 쓰여진 글자가 있는가?

8. 필압: 위쪽 및 아래쪽 획에 얼마나 많은 필압이 가해지는가?

9. 기울기: 글자가 왼쪽이나 오른쪽으로 기울어져 있는가? 기울기가 뚜렷한 경우 각도기를 사용하여 그 정도를 확인할 수 있다.

10. 기본 습관: 작성자가 줄에 맞춰 글을 쓰나요? 아니면 줄 위나 아래로 글을 쓰는가?

11. 멋진 글씨 습관: 비정상적인 컬이나 루프 또는 독특한 스타일이 있는가?

12. 분음 부호의 배치: 작성자가 t를 교차하거나 i에 점을 찍는 방식은 무엇인가?

B. Twelve Basic Characteristics for Comparing Handwriting

1. Line Quality: Do the letters flow or are they written with very intent strokes?

2. Spacing of words and letters: What is the average space between words and letters?

3. Ratio of height, width, and size of letters: Are the letters consistent?

4. Lifting pen: Does the author lift his or her pen to stop writing a word and start a new word?

5. Connecting strokes: How are capital letters connected to lower-case letters?

6. Strokes to begin and end; Where does the letter begin and end on a page?

7. Unusual letter formation: Are any letters written with unusual slants or angles?

8. Pen pressure: How much pen pressure is applied on upward and downward stokes?

9. Slant: Do letters slant to the left or right? If slant is pronounced, a protractor may be used to determine the degree.

10. Baseline habits: Does the author write on the line or does writing go above or below the line?

11. Fancy writing habits: Are there any unusual curls or loops or unique styles?

12. Placement of diacritics: How does author cross the t's or dot the I's?

지문 식별과 감정

반		팀 이름		날짜	
학번과 이름					

🔍 목표

범죄 현장에서 지문을 수집, 보존, 분석 및 식별한다.

🔍 사례 정보

월요일 아침 KOSA 실험실을 보니 주말에 누군가 사용을 한 흔적이 있다. 여러 가지 유리 기구가 실험대 위에서 세척되지 않은 채로 놓여 있고 장비들도 켜져 있다. 실험대 위에 놓인 유리 기구와 컴퓨터 마우스, 필기도구에서 지문을 채취하여 실험실을 사용하고 정리하지 않은 용의자를 찾아보자. 주말에 연구실 부근으로 접근한 연구원들의 지문이 제공된다.

🔍 범죄 수사관으로서 여러분의 임무

1. 지문 세트를 만들고 헨리의 분류를 이해한다.
2. 잠재 지문을 채취하고 범죄 현장에서 얻은 지문을 식별한다.

🔍 재료 및 도구

지문이 묻은 유리 기구와 필기구

지문 확인용 잉크 패드와 롤러

어두운 색 또는 밝은 색의 지문 확인용 분말

지문 발현용 솔(많이 필요함)

분말법 사용을 위한 safety hood(옵션)

Rubber gloves, 돋보기(현미경), 자, 사진기

학생들이 지문을 찍을 유리(페트리디쉬)

지문 발현 잉크 제거제

다목적 분말(형광, 자석 등)

발현 지문 보관(lifting tape, hinger lifters)

UV lamp(형광 분말용)

* 지문 발현 잉크 제거제(물이 없는 핸드 클리너나 변성 에탄올이 있는 수건이나 종이 타월)

* 페트리디쉬를 기본으로 하고 종이나 플라스틱 등은 시간이 되면 허락.

* 다양한 분말이 있어도 서로 섞이지 않도록 하나만 제공하라.

🔍 절차

■ 지문 잉크로 지문 찍고 지문 분류하기

1. 지문을 찍을 워크시트를 받는다. 지문 발현용 잉크와 롤러, 돋보기를 받는다.

2. 데이터 기록하는 워크시트1(본인 지문 카드)에 적혀 있는 지시에 따라 각자의 손가락 지문을 찍는다.

3. 데이터 기록하는 워크시트2(동료 및 비교 지문 카드)에 적혀 있는 지시에 따라 본인의 지문을 찍고 동료 학생의 지문을 받는다.

   * 잉크를 발라 주는 학생이 지문을 찍는 사람의 왼쪽 앞에서 발라주면 편리하다. 너무 많은 잉크를 발라서 지문이 명확하지 않을 수 있다. 잉크를 고루 롤러로 바르는 것이 중요하다.

4. 지문을 찍고 난 후 손가락의 잉크를 지우고, 테이블도 정리한다.

5. 본인 지문의 워크시트를 분석하여 지문 분류법에 따라 분류한다.

6. 동료 학생 지문과 본인의 지문을 비교하라.

■ 잠재지문 발현

1. 분말법 실험 키트를 받는다

2. 유리에 본인의 지문을 찍고 분말법으로 발현을 시도한다.

3. 지문이 잘 찍히지 않는 경우는 씻어서 깨끗하거나 마른 경우이므로, 코를 만지고 난 후 시도한다. 여러 손가락을 사용하여 시도한다. 여러가지 분말 시도하여 최적의 분말과 솔질 방법을 익힌다.

   * 주의: 분말과 그 솔을 다른 것과 혼합하여 사용하지 않는다.

4. 솔을 사용할 때는 적은 양의 분말을 종이에 덜어내고 솔의 끝부분이 닿도록 아주 조금만 묻혀서 지문이 있다고 생각되는 부위에 둥글게 스치듯이 가볍게 솔을 사용한다. 발현이 되면 멈춘다. 너무 많이 하면 발현된 지문이 파괴되기도 한다. 발현된 지문에 묻은 여분의 분말은 깨끗한 솔로 조심스럽게 제거한다.

5. 사진을 찍는다(돋보기를 사용할 수 있다).

6. 투명 테이프로 리프팅을 해서 동료 및 비교 지문 카드의 해당 부분에 붙여라.

   * hinged lifter 사용, https://www.youtube.com/watch?v=PBGAejYVDUg

   - 화살표가 오른쪽 위로 오도록 lifter를 연다. 오른쪽 위에서 플라스틱 보호막을 벗겨서 접착면을 노출시킨다. 벗겨낸 보호막은 버린다.

   - 접착면을 발현된 지문 위로 조심스럽게 위치하고, 가볍게 lifter 전체를 문지른다. 분말지문에서 들어올린다. * 표시가 있는 쪽이 나를 향하게 한다.

   - hinged lifter의 cover가 옮겨진 지문을 보호한다. 접착면 반대쪽 면을 붙일 때 조심한다. 접착면을 위쪽으로 해서 반대쪽 면을 가볍게 말면서 붙인다.

7. 사진 또는 옮겨진 지문으로 분류를 진행하라.

8. 동료의 잠재 지문을 발현하여 리프팅해서 동료 및 비교 지문 카드의 해당 부분에 붙여라.

9. 잉크로 얻은 지문과 잠재지문으로 얻은 지문의 차이에 대해서 적어라

10. 청소하라. 특히 분말, 잉크 잔여물, 휴지 등에 신경을 쓴다.

■ 추가 활동

* 본인 지문 및 동료 지문으로 활동이 모두 끝나고 난 후 원하는 팀에 실시한다.

1. 4명이 한 팀이 되어 다른 팀이 모르게 학생 한 명이 비커(색이 있는 뚜껑 등 현실성이 있는 물체를 활용하며, 팀이 자율적으로 결정)에 지문을 남긴다.

2. 지문이 있는 물건과 팀원의 본인 지문 카드를 다른 팀과 교환한다.

3. 다른 팀으로부터 받은 물건에서 잠재 지문을 발현하여 같이 받은 지문카드와 비교하여 학생을 특정한다.

4. 학생을 특정한 방법을 서로 교환한다.

5. 발현된 물건과 카드를 되돌려 받는다.

6. 청소한다.

■ 본인 지문 카드

오른손

1. 엄지(Thumb)	2. 검지(Index)	3. 중지(Middle)	4. 약지(Ring)	5. 소지(Little)

왼손

1. 엄지(Thumb)	2. 검지(Index)	3. 중지(Middle)	4. 약지(Ring)	5. 소지(Little)

왼손의 4개의 손가락 지문을 동시에 찍어라	오른손의 4개의 손가락 지문을 동시에 찍어라

* 사진 제출은 파일명 기록방법을 사전 안내하여 제출하도록 한다.

지문 잉크 사용

팀원 지문	본인 지문

리프팅 사용

팀원 지문	본인 지문

추가 활동

수집된 지문 (비커)	수집된 지문 ( )

1. 지문 유형은 무엇인가?

	엄지	검지	중지	약지	소지
오른손					
왼손					

2. 헨리의 분류 시스템을 사용한 지문 분류 값은 얼마인가?

3. 각 지문 유형을 가진 학생의 비율이 전 세계 비율과 비슷한가? 다르다면 설명하라.

	제상문(Loops)	와상문(Whorls)	궁상문(Arches)
학생수			
학생수(백분율)			

4. 서로 다른 지문을 비교하기 위해 엄지 지문을 채취하여 팀원 중 한 명과 비교한다. 능선 패턴에는 어떤 차이가 있는가? 카드에 화살표로 영역을 표시하고 설명하라.

팀원 지문	본인 지문

5. 지문패드로 얻은 지문과 페트리디쉬로 얻은 지문을 비교하라.

A. 헨리 포울즈(Henry Faulds)의 지문 분류법

헨리 분류 시스템에는 제상문(loops), 와상문(whorls), 궁상문(arches)의 세 가지 기본 지문 패턴이 있으며, 이는 각각 전체 지문의 60~65%, 30~35%, 5%를 차지한다. 대부분의 전문가가 사용하는 시스템은 복잡하지만 헨리 분류 체계와 유사하다. R은 오른쪽, L은 왼쪽, t는 엄지, i는 검지, m은 중지, r은 약지, p는 새끼손가락을 나타내는 다섯 가지 분수로 구성된다. 분수는 다음과 같다: Ri/Rt + Rr/Rm + Lt/Rp + Lm/Li + Lp/Lr. 각 인쇄물에 할당된 숫자는 와상문 여부에 따라 달라진다. 첫 번째 분수의 소용돌이는 16, 두 번째는 8, 세 번째는 4, 네 번째는 2, 마지막 분수에는 1이 부여된다. 제상문과 궁상문에는 0의 값이 할당된다.

1. 오른손 엄지		2. 오른손 검지		3. 오른손 중지		4. 오른손 약지		5. 오른손 소지	
Rt	16	Ri	16	Rm	8	Rr	8	Rp	4
6. 왼손 엄지		7. 왼손 검지		8. 왼손 중지		9. 왼손 약지		10. 왼손 소지	
Lt	4	Li	2	Lm	2	Lr	1	Lp	1

마지막으로 분자와 분모의 숫자는 (Ri + Rr + Lt + Lm + Lp)/(Rt + Rm + Rp + Li + Lr) 방식을 사용하여 합산하고 0으로 나눌 가능성을 배제하기 위해 상단과 하단 모두에 1을 더한다.

$$지문\ 분류\ 값 = \frac{\Sigma(짝수\ 번호를\ 가진\ 손가락의\ 값)+1}{\Sigma(홀수\ 번호를\ 가진\ 손가락의\ 값)+1}$$

· 지문 패턴:

궁상문	제상문	와상문
궁 상 선	제상선	와상선 / 환상선 / 이중 제상선 / 제상선

보통궁상문

갑종제상문

순와상문

좌수   우수

* '지문 및 수사자료표 등에 관한 규칙 별표1'에서

1: 궁상문(Arches)

아치 패턴에서는 능선이 한쪽에서 다른 쪽으로 이동한다.

전체 지문의 약 5%를 차지한다.

패턴이 비교적 단순하며, 시작점에서 끝점까지 곡선을 형성하는 구조다. 일반 궁상문(plain arch)와 솟은 궁상문(tented arch)로 나뉜다.

2: 제상문(Loops)

가장 흔한 유형으로, 전체 지문의 약 60~70%를 차지한다.

한쪽에서 시작하여 중앙을 지나 같은 쪽으로 돌아가는 패턴을 가진다. 열린 부분의 능선이 같은 쪽에서 시작하고 끝난다. 방향에 따라 우제상문(ulnar loop)와 좌제상문(radial loop)가 있다.

3: 와상문(Whorls)

전체 지문의 약 25~35%를 차지한다.

소용돌이 패턴은 대략 원형이며, 능선이 끝까지 이어진다.

중심부에 원형 또는 소용돌이(나선형) 패턴이 있다. 일반 와상문(plain whorl), 이중 와상문(double loop whorl), 중심 포켓 제상와상문(central pocket loop whorl), 불규칙 와상문(accidental whorl) 등 다양한 하위 유형이 있다.

B. 지문 기본 정보

1. 지문의 첫 번째 원칙: 지문은 개인의 특징이며, 아직 두 손가락이 같은 지문은 발견되지 않았다.

2. 두 번째 원칙; 지문은 개인의 일생 동안 변하지 않는다.

3. 세 번째 원칙: 지문에는 일반적인 융기 패턴이 있어 지문을 체계적으로 분류할 수 있다.

C. 많은 유형의 지문 특징점이 존재한다

지문 특징점

	융선 끝 (융선이 멈추는 지점)		박차, 갈고리 (융선에서 튀어나온 노치)
	분기점 (융선이 둘로 나뉘는 지점)		다리 (두 개의 긴 인접 융선을 연결하는 작은 융선)
	델타 (삼각형 영역)		교차 (서로 교차하는 두 개의 융선)
	연못 또는 호수 (일시적으로 갈라지는 두 개의 융선 사이의 빈 공간)		섬 (일시적으로 갈라지는 두 개의 융선 사이의 중간 공간)
	인클로저(섬) (매우 작은 능선)		코어 (패턴의 중앙 근처)

* 분류를 잘하고 있는지 확인하기 위해서 아래 그림에서 각 선에 해당하는 지문 패턴 이름을 적어라.

증기법을 사용한 지문 발현

반		팀 이름		날짜	
학번과 이름					

* 위험물질이 발생함으로 추천하지 않는다. 만약 실험한다면 자극적인 냄새가 나므로 환기를 할 수 있는 공간 혹은 후드 안에서 실험한다. 물질안전보건자료(MSDS)를 참조하라.

목표

보이지 않는 잠재성 지문을 화학적 수단을 통해 어떻게 생성되고 분석되는지 설명한다.

범죄 수사관으로서 여러분의 임무

범죄 현상에 남겨져 있는 다양한 형태의 보이지 않는 잠재 지문을 눈으로 확인 가능하게 한다.

재료 및 도구

조별로

음료수 잔(또는 매끄럽고 다공성이 없는 물체)　　　따뜻한 물

얕은 종이컵　　　초강력 접착제(cyanoacrylate, super-glue)

알루미늄 호일　　　파이 트레이

열 램프(철물점이나 애완동물용품점에서 구할 수 있는 열 전구)

크고 밀봉 가능한 용기(비닐봉지, 뚜껑이 있는 어항 또는 수조)

절차

1. 잠재 지문을 만든다. 한 손가락으로 코 옆을 문질러 기름기가 생기도록 한 다음 손가락 끝으로 유리잔(유리 기구) 옆을 누른다. (기름기가 많거나 끈적끈적한 손가락이 가장 잘 지문이 남는다.)
2. 얕은 종이컵에 따뜻한 물을 채운다.
3. 금속 파이 트레이에 컵과 잠상 인쇄가 된 유리잔을 놓는다.
4. 알루미늄 호일 조각으로 작은 그릇을 만들고 초강력 접착제 4~6방울을 짜 넣는다. 지문이 있는 물체

옆에 초강력 접착제 그릇을 놓는다.

5. 파이 트레이와 모든 내용물을 큰 용기 봉투에 넣고 단단히 밀봉한다.

6. 통풍이 잘되는 곳에서 용기를 가열 램프 아래에 놓고 15-25분 동안 그대로 둔다. 용기를 열지 않는다. 시아노아크릴레이트가 기체로 증발하여 지문의 잔여물과 반응할 것이다. 계속 관찰한다. 너무 오래 방치하면 지문이 과도하게 발달하고 용기 사이의 공간이 채워져 패턴이 가려질 수 있다.

7. 인쇄물이 굳으면 밀봉된 용기에서 트레이를 꺼내고 조심스럽게 물체를 꺼낸다. 유리에 흰색 잔여 흔적이 잘 보일 것이다.

🔍 데이터 기록

수집된 지문	용의자 지문

1. 지문 발현을 위해 분말 처리하는 방법과 비교할 때, 연무 처리하는 방법의 장점은 무엇인가?

2. 지문 발현을 위한 다양한 방법들을 찾아서 서로 비교해 보자.

3. 질감과 모양이 다른 여러 표면에서 지문 발현 테스트를 하고 각 방법의 장단점을 비교해 보자.

4. 한국에서 사용하고 있는 함부르크 시스템 지문 분류법에 대해서 조사해 보자.

🔍 **참고 자료**

A. Cyanoacrylate(fuming, super-glue) method

시아노아크릴레이트는 suer-glue에 포함된 물질로, 가열하면 가스로 공기 중으로 방출된다. Super-glue(98~99% methyl, ethyl or butyl-2-cyanoacrylate + 1~2% of inhibitor). 물이 있으면 짧은 폴리머가 많이 생성된다. 물 이외에 NaOH(0.5 M NaOH를 면에 묻혀서 말리고, 이를 super-glue가 있는 chamber에 같이 넣어 둔다)를 사용할 수 있다. 모발이나 피 등과 같은 다른 여러 것과 반응을 함으로 제일 마지막에 시도하기 바란다.

이 가스는 손가락에서 배출된 땀과 기름에 달라붙어 결정화되어 지문을 드러내는 흰색 잔여물을 남긴다. 이렇게 처리된 지문을 떠서 분석할 수 있다. 환기가 잘되는 곳에서 사용한다. 초강력 접착제는 피부와 눈을 순식간에 접착할 수 있으므로 이 활동을 시작하기 전에 포장에 기록된 안전 지침을 참조한다.

https://www.ojp.gov/ncjrs/virtual-library/abstracts/super-glue-rescue

https://www.scienceworld.ca/resource/fingerprint-fuming/

B. 지문의 생성

손끝에는 에크린선(eccrine gland) 분비에 의한 액체가 묻는다. 지문은 손끝에 묻어 있던 물질들이 우리가 만지는 물질의 표면에 전이되면서 형성되는 무늬이다. 손가락의 거친 표면은 마찰력을 제공하여 물체를 잡는데 도움을 준다. 지문은 손가락의 융기 패턴을 말하며, '마찰 융기'라고도 한다. 이 융기는 출생 전에 형성된다. 아기가 태어날 때 즈음이면 피부는 7겹으로 이루어져 있으며, 지문 융기는 맨 위 5겹까지 파문을 일으킨다.

손가락 끝이 다치거나 심한 흉터가 생기지 않는 한, 개인의 마찰 융기 패턴은 일생 동안 피부가 새로 자라듯이 지속적으로 동일하게 다시 자란다. 지문은 모든 사람이 다 다른 만인 부동, 평생 동안 변하지 않는 종생 불변의 특징이 있어 신원을 확인하는 개별 특성 증거에 해당한다.(DNA는 일란성 쌍둥이를 제외하고는 개별 특성이다. 혈액에서 DNA를 다루면 개별 특성, 혈액형을 다루면 군집 특성). 같은 사람의 지문이라도 손가락마다 조금씩 다를 수 있다. 모든 지문은 각각 고유하지만, 많은 지문에서 공통적으로 관찰할 수 있는 특정 패턴(와상문, 제상문, 궁상문의 세 가지 주요 마찰 융기 유형)이 있다.

C. 잠재 지문의 시각화

- 분말법: 현장에서 가장 많이 사용. 검체의 배경색에 따라 분말의 색을 결정(다양한 색상이 있다). 붓의 종류는 유리섬유, 탄소섬유, 동물 털 등 소재가 다양. 추가 처리하지 않아도 잘 보이는 일반적인 유색 분말, 특정 파장의 광원을 사용하여 작은 흔적에도 쉽게 반응하는 형광성 분말(예시, anthracene), 붓에 의한 압력으로 인해 생기는 지문의 훼손을 최소화하기 위해 자석봉을 사용하는 자성분말 등이 있다. 각각은 장단점이 있어 상황에 맞게 선택하여 최상의 결과물을 도출해야 한다. 분말법은 대표적인 방법이지만 적용되지 않는 현장도 있다. 코팅하지 않은 목재나 종이처럼 검체의 표면이 분말 입자에 비해 매끄럽지 않으면 분말로 지문을 보기 어렵다. 또한 비가 와서 젖은 차량의 문 손잡이와 피해자를 묶을 때 사용한 천면 테이프 접착면은 분말이 지문 외에도 비나 테이프 접착면에 묻어 지문을 보기 어렵다. 이 경우는 지문에 반응하는 분말을 액체에 섞어 놓은 시약(SPR, Small Particle Reagent, 크리스탈 바이올렛)을 사용한다.
- 닌히드린법: 1910년 독일-잉글랜드계 화학자 Siegfried Ruhemann(1859-1943)에 의해 발견되었다. Ruhemann은 닌하이드린이 아미노산과 반응하여 보라색으로 변하는 것을 관찰하였다. 1954년, 스웨덴의 연구자 Oden과 von Hofsten은 닌하이드린을 사용하여 잠재해 있는 지문을 현상시킬 수 있다는 것을 언급하였다(위키피디아). 종이나 나무 같은 흡수성, 다공성 표면에서 지문을 시각화하는 데 적용하기 시작하였고 지금도 종이류에 존재하는 지문에는 닌히드린을 적용한다. 예전에는 아세톤이나 에탄올 등의 용매를 사용하였지만, 이들 용매가 글씨나 잉크 성분을 녹이므로 3M 사의 HFE 7100 같은 특별히 개발된 용매 사용한다. 루히만 퍼플의 보라색 지문이 나타나는데 온도와 습도에 따라 반응 시간의

차이가 있다. (현장에서 빠른 결과를 위해 스팀 다리미를 사용하기도 하지만 손상이 우려되기도 함.)

- 질산은 용액법: 질산은($AgNO_3$)은 피부 분비물의 염화물과 반응하여 염화은($AgCl$)을 형성하며, 자외선이나 햇빛에 노출되면 회색으로 변한다. 시간이 지나면 배경도 영구적으로 발현이 되기 때문에 지문이 나타나면 바로 사진으로 남긴다. 또는 지문이 나타나면(대략 5~10분 정도) 배경에 있는 질산은을 물로 씻어내어 배경이 반응하지 않도록 할 수 있다. 감도가 우수하며 구멍이 없는 재질에 범용적으로 사용되며 비교적 저렴하고 사용이 쉽다. 질산은은 종이, 판지, 플라스틱, 니스 칠하지 않은 밝은 색의 목재에 유용하다. 물에 노출된 물품이나 수용액이 스며들 수 있는 기공을 가진 물질에는 유용하지 않다. 또한 은과 반응하는 물질이 발현되어 방해를 일으키며, 시간이 지나면 배경까지 검은색으로 변한다. 3% 질산은 수용액을 스프레이하여 사용한다.

  https://forensicspedia.com/silver-nitrate-method-for-detection-of-fingerprints/

- 시아노아크릴레이트 순간 접착제: 1970년 일본의 한 경찰관이 우연히 발견. Superglue fuming, cyanoacrylate(CA)법은 1980년 미국에서 발전. 상태가 좋지 않는 지문도 잘 나타남(미세한 기체 사용, 전달 물질의 압력 없이 지문 생성). 단점으로는 한번 생성된 견고한 지문은 특정 용매가 아니면 지워지지 않을 만큼 단단함. 지문이 아닌 다른 부분에 생성되어 방해할 수도 있다. 마지막 방법으로 사용하는 것이 좋다. 반응의 개시제인 습기에 큰 영향을 받기 때문에 적용하는 환경에 따라 주의가 필요하다.

D. 지문자동식별시스템(AFIS)

임준태, 이범오. (2023), 지문자료 감정동향 및 지문자동검색(AFIS)체계 상호운용에 관한 연구. 형사법의 신동향, 79, 42-79.

권창국. (2017), 지문증거의 재 고찰. 형사소송의 이론과 실무, 9(2), 183-237.

E. 미국 법무부 도서(U.S. Department of Justice)

The Fingerprint sourcebook, https://www.ojp.gov/pdffiles1/nij/225320.pdf

입술 지문 식별과 감정

반		팀 이름		날짜	
학번과 이름					

🔍 목표

입술 지문을 비교하여 용의자를 식별한다.

🔍 사건 정보

식당 공용 냉장고에 보관하고 있던 음료수가 그 양이 줄어들었다. 일회용 컵과 냅킨이 냉장고 주위 쓰레기통에 있었다. 식당 입구에 설치된 CCTV를 이용하여 지난 1시간 동안 출입한 인원에 대하여 립스틱 지문을 받았다.

공용 냉장고에서 음료수를 꺼내 일회용 컵에 마신 사람이 무심코 컵을 쓰레기통에 버린 것이 분명하다고 추측한다. 유리잔(일회용 컵)에서 입술 지문을 채취하고 감정한다. 냅킨에서 립스틱 성분을 분석한다.

🔍 범죄 수사관으로서 여러분의 임무

입술 패턴을 묘사하고 범죄 현장에서 립스틱 지문을 식별한다.

🔍 재료 및 도구

유리잔	1회용 컵
립스틱	투명 테이프
가위	

🔍 절차

1. 각자 립스틱을 바른 후 사진을 찍어서 잘 발라져 있는지 확인 후 유리잔이나 1회용 컵에 프린팅을 한다.
2. 종이컵은 오려서 붙이고, 유리잔은 투명 테이프로 채취한다.

🔍 **데이터 기록**

1. 립스틱과 테이프를 사용하여 자신의 입술 지문을 만든다. 유리잔(일회용 컵)의 입술 지문을 수집한다.

2. 용의자의 입술 지문을 수집한다.

왼쪽 아랫입술	오른쪽 아래 입술

🔍 법과학적 질문

1. 스즈키와 츠치하시(1970)에 따라 패턴을 분류하라.

왼쪽 윗 입술(주요 패턴을 그리고 분류)	오른쪽 윗 입술
왼쪽 아랫입술	오른쪽 아래 입술

2. 용의자의 입술 지문을 분류하라.

왼쪽 아랫입술	오른쪽 아래 입술

3. 우세한 입술 지문 패턴의 분포(오른쪽 윗 입술 또는 아래 입술 중에서 하나만 선택).

유형	남성	여성	전체(%)
I			
II			
III			
IV			
V			

🔍 참고 자료

A. 입술 지문 패턴

살아 있거나 죽은 개인의 신원 확인은 모든 개인이 고유하다는 이론에 기반한다. 개인 식별은 법과학 뿐만 아니라 범죄 수사 및 신원 확인, 유전자 연구 분야에서도 점점 더 중요해지고 있다. 입술지문학 (Cheiloscopy)는 입술 지문을 바탕으로 사람의 신원을 확인하는 법과학 수사 기법이다.

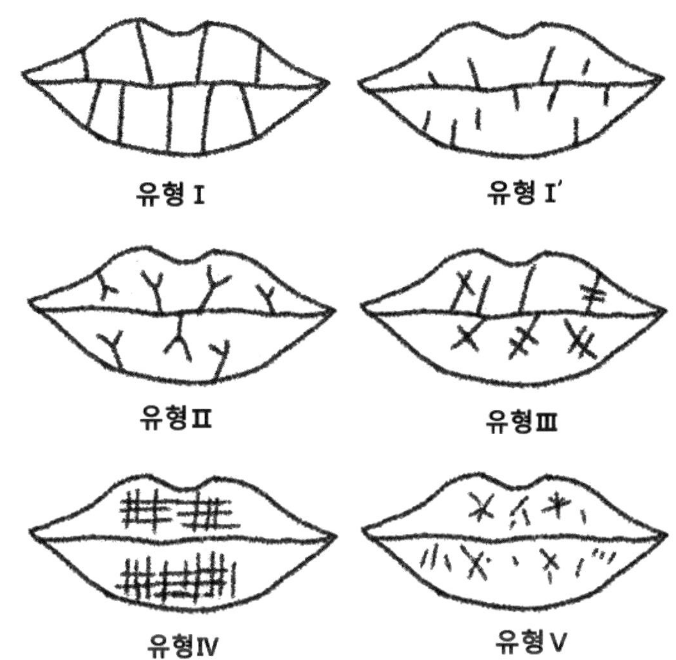

· 유형 I - 입술을 가로질러 수직으로 이어지는 선명한 홈.

· 유형 I′ - 유형 I의 부분 길이 홈

· 유형 II - 분기형 홈

· 유형 III - 교차 홈

· 유형 IV - 망상형 홈

· 유형 V - 기타 패턴

1. Suzuki K, Tsuchihashi Y(1970) Personal identification by means of lip prints. J Forensic Med17: 52-57.

2. Suzuki, K. and Tsuchihashi, Y. (1970) New Attempt of Personal Identification by Means of Lip Print. Journal of the Indian Dental Association, 42, 8-9. DOI: 10.4103/0974-2948.50885

3. Studies on personal identification by means of lip prints, Forensic Science, Volume 3, 1974, Pages 233-248, https://doi.org/10.1016/0300-9432(74)90034-X

TLC를 사용한 립스틱 성분 분석

반		팀 이름		날짜	
학번과 이름					

🔍 목표

화학 성분 비교를 얇은 막 크로마토그래피(Thin Layer Chromatography, TLC)로 한다.

🔍 사례 정보

식당 공용 냉장고에 보관하고 있던 음료수 양이 줄어들었다. 일회용 컵과 냅킨이 냉장고 주위 쓰레기통에 있다. 식당 입구에 설치된 CCTV를 이용하여 지난 1시간 동안 출입한 인원에 대하여 립스틱 지문을 받았다.

수사관들은 공용 냉장고에서 음료수를 꺼내 일회용 컵에 마신 사람이 무심코 컵을 쓰레기통에 버린 것이 분명하다고 추측한다. 유리잔(일회용 컵)에서 립스틱을 채취하거나, 냅킨에서 립스틱 성분을 분석한다.

🔍 범죄 수사관으로서 여러분의 임무

얇은 막 크로마토그래피(여과지)를 사용하여 세 용의자의 립스틱을 분석하고 범죄 현장의 냅킨에서 발견된 립스틱과 비교한다.

🔍 재료 및 도구

자	연필
가위	이쑤시개 또는 철사(여과지 걸기)
TLC plate(여과지, 실리카 등)	전개 상자(유리 비커, 칭량병 등)
전개액(아세톤 등 유기용매)	범죄 현장에서 수거한 의문의 립스틱 자국
각 용의자의 립스틱	

실험 방법은 TLC를 이용한 잉크 분석법을 응용한다.

🔍 데이터 기록

1. 전개 상자에 1 cm 높이의 아세톤을 전개액으로 사용하고, 종이 스트립을 걸거나 (또는 실리카 판을 기우려서 세우고) 뚜껑을 덮는다. 전개액을 바꿔서 실험할 수 있다.

전개액 조성	전개액1(종이)	전개액1(실리카)	전개액2	전개액3
TLC 결과				
이동상 이동거리 (mm)				
각 밴드별 이동거리 (mm)				
각 밴드별 R_f value				

2. 앞 실험에서 찾은 조건을 전개액으로 사용하고, 종이 스트립 또는 실리카 판을 사용하여 TLC를 한다.
찾은 조건을 사용하여 수집된 립스틱과 용의자 립스틱을 비교하라.

* 수집된 립스틱의 상태:

* 수집된 립스틱에서 립스틱 성분을 추출하는 용매:

립스틱	용의자 A	수집된 립스틱	용의자 B
TLC 결과 전개액 조성 TLC판 종류			
이동상 이동거리 (mm)			
각 밴드별 이동거리 (mm)			
각 밴드별 R_f value			

3. (선택사항: 관련 자료를 찾아서 실시) FT-IR로 립스틱을 분석할 수 있다.

1. 전개액의 구성에 따라 분리되는 색의 순서가 바뀌는가?

2. 가장 분리가 잘된 전개액은 어떤 것인가?

3. TLC로 판단한 용의자는 누구인가?

4. 종이 TLC와 실리카판 TLC의 장단점을 찾아 비교하라.

5. 립스틱 성분을 조사할 수 있는 다른 방법은 어떤 것이 있을까?

6. 립스틱의 성분을 조사하라.

7. 안료와 염료의 차이를 설명하라.

TLC를 사용한 잉크 성분 비교

반		팀 이름		날짜	
학번과 이름					

🔍 사례

출석부에 의심스러운 사인이 발견되어 대리 출석으로 의심을 받게 되었다. 학생 A의 펜을 수거하고 출석부에 사인한 잉크 부분을 제공한다.

🔍 범죄 수사관으로서 여러분의 임무

잉크를 구성 성분으로 분리하여 비교 분석하여 대리 출석에 사용한 펜인지 확인한다.

🔍 재료 및 도구

microcentrifuge tube	메탄올
일회용 드롭퍼	TLC 모세관
전개병(비커 가능)	연필
자	TLC plate(여과지, 실리카 등)
가위 또는 칼(여과지 자르기)	이쑤시개 또는 철사(여과지를 전개병에 걸침)

전개액

진한 암모니아수	메탄올
증류수	피리딘
에탄올	염산 용액
증류수: 메탄올(50/50 v/v)	

🔍 sample 준비

문서에 포함된 단어의 끝부분에서 작은 부분을 잘라 시험관(microcentrifuge tube)에 넣는다.

메탄올을 한 방울씩 떨어뜨린다. 메탄올 2~3방울이면 종이에서 잉크를 추출할 수 있다. 후드 안에서 실험을 한다. 만약 methanol에 녹지 않는다면, pyridine으로 위 실험을 실시한다. 뚜껑을 닫아서 보관한다.

🔍 TLC 실험

1. 비커나 전개 상자에 전개액을 넣어 높이가 약 1 cm가 되도록 한다.

2. 여과지 한 장을 잘라 한쪽 끝을 뾰족하게 만든다.

3. 테스트할 시료(수거한 펜)을 선택하고, 펜의 성분을 샘플 준비에 사용한 용매에 녹인다. TLC용 모세관을 사용해 종이의 뾰족한 끝에서 약 1.5 cm 위쪽에 적당한 크기의 색 점(쌀알 크기 정도)을 만든다(점을 찍고 난 후 말린다. 3~6회 정도 찍고 말리기를 반복하여 충분한 양이 되도록 한다). 시료 레이블을 정확히 한다.

4. 연필을 사용하여 점 옆에 종이 스트립에 줄로 표시를 한다.

5. 종이의 뾰족한 끝을 전개액 안으로 내리되, 점이 전개액 수위 위에 있는지 확인한다. 이쑤시개 등으로 종이 윗부분을 조심스럽게 고정하여 종이를 컵의 적당한 높이에 있도록 한다.

6. 전개액은 즉시 종이 스트립 위로 이동하기 시작하여 잉크 안료를 함께 운반한다. 전개액이 종이 위쪽으로 올라갈 때까지 기다리는 동안 다른 컵을 준비하여 다른 시료를 테스트하고 워크시트에 정보를 기록한다.

7. 전개액이 종이 스트립 위로 이동(끝에서 약 2.5 cm)이 끝나면 컵에서 종이를 꺼내어 전개액이 종이 스트립 위로 이동한 가장 높은 지점을 연필로 즉시 표시한다.

8. 종이 스트립을 말린 다음 워크시트에 테이프로 붙인다.

9. 분리된 색을 기록하고 각 색깔에 대한 R_f값을 구하여 비교한다.

$$R_f = \frac{\text{각 점의 이동거리}}{\text{전개액의 이동거리}}$$

* 종이 대신 silica gel TLC plate를 사용할 수 있다. 이 경우는 매달지 않고 전개통에서 TLC plate를 세워서 실험을 한다. (사진 참고)

실리카젤 TLC 실험은 대한화학회에서 제공하는 화학올림피아드 유기화학실험기초1 동영상(https://www.youtube.com/watch?v=OYMdp_sS864)을 참조하기 바란다. UV lamp를 사용하여 관찰하지 않아도 색의 비교가 가능하다.

🔍 데이터 기록

전개액의 종류에 따른 TLC 결과

	증류수	메탄올	에탄올		
TLC 붙임					
전개액 이동거리					
분리된 색의 개수					
분리된 색 1 (제일 아래)	색: 이동거리 R_f	색: 이동거리 R_f	색: 이동거리 R_f	색: 이동거리 R_f	색: 이동거리 R_f
분리된 색 2	색: 이동거리 R_f	색: 이동거리 R_f	색: 이동거리 R_f	색: 이동거리 R_f	색: 이동거리 R_f
분리된 색 3	색: 이동거리 R_f	색: 이동거리 R_f	색: 이동거리 R_f	색: 이동거리 R_f	색: 이동거리 R_f
분리된 색 4	색: 이동거리 R_f	색: 이동거리 R_f	색: 이동거리 R_f	색: 이동거리 R_f	색: 이동거리 R_f

분리된 색 번호는 제일 아래부터 시작하여 1, 2, 3, 4…로 한다.

최적의 전개액에서 실험

	문서	Possible pen 1	Possible pen 2	Possible pen 3
TLC 붙임				
전개액 이동거리				
분리된 색의 개수				
분리된 색 1 (제일 아래)	색: 이동거리 R_f	색: 이동거리 R_f	색: 이동거리 R_f	색: 이동거리 R_f
분리된 색 2	색: 이동거리 R_f	색: 이동거리 R_f	색: 이동거리 R_f	색: 이동거리 R_f
분리된 색 3	색: 이동거리 R_f	색: 이동거리 R_f	색: 이동거리 R_f	색: 이동거리 R_f
분리된 색 4	색: 이동거리 R_f	색: 이동거리 R_f	색: 이동거리 R_f	색: 이동거리 R_f

분리된 색 번호는 제일 아래부터 시작하여 1, 2, 3, 4…로 한다.

1. 전개액의 구성에 따라 분리되는 색의 순서가 바뀌는가?

2. 가장 분리가 잘된 전개액은 어떤 것인가?

3. TLC로 확인이 가능한가? 보다 정확한 방법을 제시하라.

4. 종이 TLC와 실리카판 TLC의 장단점을 찾아 비교하라.

5. 잉크의 성분을 조사하라.

https://ncfs.ucf.edu/research/chemical-evidence/ink/

혈흔 패턴 유형

반		팀 이름		날짜	
학번과 이름					

🔍 목표

모의 혈액을 준비하고 현장의 혈흔 패턴을 분석한다.

🔍 사례 정보

사건 현장에서 피의자는 의식을 잃고 쓰러져 있다. 현장에는 거실 중앙에서 화장실 문 쪽으로 혈흔이 간헐적으로 떨어져 있으며, 거실 벽면에 이탈 혈흔이 있고 바닥 일부에는 낙하 혈흔이 남아 있다.

🔍 범죄 수사관으로서 여러분의 임무

혈흔을 묘사하고 그 패턴을 분석하여, 의식을 잃기 전에 어떤 일이 일어났는지 유추해 보자. 용의자가 피해자를 공격한 위치, 방향, 공격 횟수, 흉기 모양, 공격 방법까지도 재구성해 보자.

🔍 재료 및 도구

모의 혈액	30~60 mL 점적병(dropper)
구김이 없는 흰 종이(신문지)	330 cm 정방형 카드보드지(판지)
30 cm 정방형 아크릴 시트	330 cm 정방형 합판
장난감 칼 또는 케이크커트 칼	자, meter stick(줄자), 각도기

🔍 모의 혈액 준비

혈액 패턴을 분석하기 위해 시뮬레이션 혈액을 준비한다[세포와 입자가 없는 혈장의 점도는 1.3이다(순수한 물의 점도는 1이다)].

1. 옥수수 전분 1 g을 물 10 mL에 녹이고 옥수수 시럽 10 mL와 섞는다.

2. 빨간색 식용 색소를 추가하고 녹색 색소로 빨간색 색상을 줄인다.

3. 유리막대로 저어 주고 빠르게 올려서 유동성을 확인한다.

4. 만족스럽지 않으면 적절한 재료를 추가하고 단계를 반복한다.

5. 잘 섞어서 균일하고 기포가 없게 한다.

* 모의 혈액 제조 방법 2: 무당 연유 100 g 정도 + 토마토 페이스트 2~3 테이블 스푼 + 붉은 식용색소
  이후 물을 첨가하여 점도 조정

* 추가적인 실험

돼지 피(또는 양 피)를 구매하여 각 팀에서 만든 모의 혈액과 점도와 색을 비교하는 실험을 별도로 할 수 있다. 실험실에서 간단하게 점도 측정을 하는 방법을 찾아서 비교하여 돼지 피와 가장 유사하게 만든 팀을 찾는 것이다. (glass viscometer를 사용하거나, 또는 일정 높이에서 낙하시켜 특정 각도로 기울어진 비닐 코팅된 표면에 떨어뜨려서 비교하기 등)

* 만든 혈액을 가지고 놀라게 하는 일이 없도록 학생에게 미리 안내해야 한다. 모의 혈액을 발라서 칼에 다친 것처럼 설정한 사진을 찍어 집에 보냄으로 부모를 놀라게 한 적이 있었다.

🔍 절차

1. 평편한 바닥에 종이를 깔고 표 1의 높이에서 수직으로 한 방울씩 떨어뜨린다.

   (제공된 종이 대신 다른 종류의 종이 또는 재질에서 실험할 수 있다)

2. 낙하 방울에 실험 조건을 명확하게 표기하여 방울이 혼동되지 않도록 한다.

3. 마르고 난 후 관찰한다. 낙하 방울 모양으로는 변두리의 특성, 지름, 주위의 위성 혈흔 범위와 모양 등을 기록한다.

4. 표 2의 높이와 각도에서 동일한 실험을 한다.

5. 표 3의 높이와 각도에서 실험한다.

6. 표를 정리한다.

7. 정리한 자료를 활용하여, 지도교원으로부터 주어진 낙하 혈흔에 대해서 당시를 재구성하라.

표 1) 혈액 방울 모양과 방울이 이동한 거리의 관계

낙하 높이(cm)	지름(mm)	낙하 모양 설명
10		
60		
90		
120		
180		

표 2) 혈액 방울의 10º와 70º 충돌 각도 비교

낙하 높이	충돌 각도 (도)	낙하 혈흔 모양 (길이, 길이-폭)	설명
30 cm	10	장경, 단경	
	70		

표 3) 충돌각 계산을 위한 분석표(30cm 위치에서 낙하) 및 충돌각 그래프 만들기

(X축: 0~90°까지의 각도, Y축: 폭과 길이의 비율 W/L의 혈액 낙하)

드롭 수	폭(width), mm	길이(length), mm	W/L 비(sinθ)	충돌 각도(θ)
1				0(5?)
2				20
3				45
4				60
5				90

1. 혈액 방울의 모양과 방울이 이동한 거리 사이에 관계가 있는가? (표 1)

2. 혈흔 패턴 분석을 통하여 충돌 각도와 발생 지점을 파악할 수 있는가? 이 튀는 패턴은 방향을 어떻게 나타내는가? (표 2)

3. 표 3을 사용하여 눈금에 그래프를 그려라(EXCEL 사용 가능)

4. 지도교원으로부터 주어진 낙하 혈흔을 분석하라.

주어진 낙하 혈흔	낙하 혈흔 분석

A. 혈흔 패턴(마릴린 T. 밀러, 피터 매시, 범죄 현장 2, 2019)

혈흔 패턴 분석은 범죄 현장에서 발견된 혈흔의 크기, 모양 및 분포 패턴을 사용하여 유혈 사건을 파악하는 것이다. 혈흔 패턴은 유혈 사건과 관련하여 '누가'가 아니라 '무엇을, 어떻게' 했는지를 알려 준다. 범죄 현장의 혈흔 패턴은 다음과 같은 사건 재구성 목적으로 사용할 수 있다:

- 존재하는 혈흔 패턴의 유형.
- 혈흔의 이동 방향.
- 혈원으로부터 대상 표면까지의 거리.
- 방향성 결정: 혈흔의 이동 방향(혈흔이 발생한 곳) 및 혈흔의 충돌 각도.
- 혈액 흔적, 방향 및 수평 이동의 상대적 속도 결정.
- 혈흔을 발생시키는 데 사용된 힘과 물체의 특성, 관련된 타격 횟수, 혈흔 근처에 있는 사람/물체의 상
  대적 위치.
- 접촉 또는 이동 패턴의 해석.

B. 기본 혈흔 패턴

혈액은 액체 또는 혈청에 부유하는 세포 물질, 단백질, 이온의 혼합물이다. 혈액은 외부의 추가적인 힘이 가해지지 않는 한 이동 중에도 분해되지 않고 하나의 얼룩으로 침착된다. 혈흔은 생성 기전에 따라 크게 2가지로 분류한다.

- 날아가서 형성된 혈흔: 비산 그룹에 속하는 혈흔
- 날아가지 않은 혈흔: 비비산 그룹에 속하는 혈흔(출혈 부위에서 다량의 혈액이 흘러내린 흐름 혈흔과
  그것이 고여서 생긴 고인 혈흔)

같은 성분으로 이루어진 혈액은 일정시간동안 공기 중을 비행하면 구형을 유지한다. 이것이 직각으로 물체와 만나면 원에 가까운 혈흔이 되고, 90° 이하의 각도를 가지면 각도가 좁아질수록 좁고 긴 모양의 타원형 혈흔이 된다. 타원형의 가장 긴 축(뾰족한 모서리의 끝단을 이은 직선)은 혈흔이 날아온 방향이다. 혈액은 날아와서 사물과 부딪치며 표면장력이 견딜 수 있을 때까지 해당 방울의 혈액 양이 밀려오는 것을 버티다가 운동 방향으로 2차 혈흔을 튀기는데 이것은 작은 혈흔(자혈흔)의 모양을 띠기도 하고 가리비 모양을 띠기도 한다. 이렇게 혈흔이 추가로 퍼져 나간 쪽이 발혈점(혈흔의 출발 지점)의 반대 방향이다.

· 충격 비산 혈흔(impact spatter): 가격 순간에 상처가 생기면서 흉기 등과의 충격으로 인해 혈액이 날아 갈 수 있다. 범인의 공격 행동을 가장 잘 나타내는 혈흔이며. 그 장소에서 어떠한 형태로든 직접적인 공격 행위가 있었다.

· 이탈 혈흔: 선행 행위에 의해 혈액이 묻어 있는 흉기를 휘두르는 과정에서 급격한 휘두름이나 급격한 멈춤 동작을 하는데, 이때 관성에 의해 흉기로부터 이탈한 혈액들이 만들어 내는 혈흔이다. 용의자가 휘두른 흉기의 모양과 형태, 휘두른 방향 등을 알려 주며, 휘두름 동작의 위치와 횟수를 알 수 있다. 휘 두름 동작에 의해 생기는 혈흔은 일정한 구간에 연결된 형태를 보인다. 흉기의 길이에 대한 추정도 가 능하다. 개별 이탈 혈흔의 크기는 혈흔이 떨어져 나간 사물의 표면적 크기에 비례한다(예시: 야구방망 이와 과도의 끝에서 이탈한 혈흔의 비교)

일정한 높이에서 떨어지는 혈액도 비산 혈흔이고 특히 낙하 혈흔이라고 한다. 피를 흘리는 사물 또는 사람의 동선이나 이동과 멈춤을 해석하는 좋은 단서가 된다. 낙하 혈흔이 (동그란) 정원의 형태에서 타원의 형태로 갈수록 빠른 속도로 이동했음을 의미하기 때문에 이동 속도에 대한 판단 근거로도 작용 한다.

- 복잡한 혈흔의 뒤섞임: 인위적으로 문질러진 혈흔, 닦인 혈흔, 피 묻은 물건이 다른 사물과 접촉하면 서 만들어 내는 전이 혈흔(피로 찍는 도장?) 등이 있다.

- 누적 혈흔: 고인 혈흔에 또 다른 혈흔이 떨어져 생김. 충돌비산 혈흔과 같은 모양의 2차 튄 혈흔을 형 성하기도 함.

C. 범죄 현장에서 발견되는 혈흔 패턴

크게 수동적 낙하 혈흔 패턴, 스패터 패턴, 특수 혈흔 구성 패턴의 세 가지 범주로도 나눈다.

D. 충돌 각도

혈흔이 떨어지는 방향과 표면의 평면 사이에 형성된 예각이다.

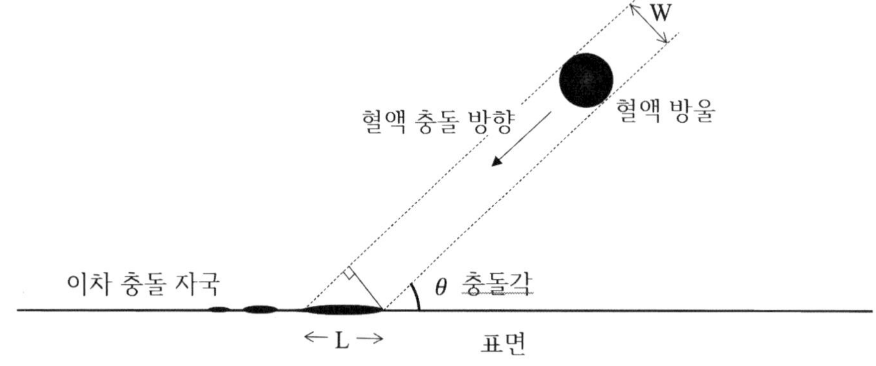

E. 혈흔 분석 사례

1887년 코난도일 소실 주홍색 연구(소설)

1880년 지문의 아버지 헨리 폴즈

1895년 빈 대학의 에드워드 피오츠로프스키(살아 있는 토끼의 머리를 망치로 가격하는 충돌 비산 혈흔이 방사형으로 나간다)

1904년 오스트리아의 한스 그로스 범죄수사학, 비산혈흔의 타원형을 연구

F. 영화 〈도망자(1993 The fugitive)〉의 실제 주인공 샘 세퍼드 사건

1954년 여름 밤 젊은 외과의사가 아내를 참혹하게 살해한 혐의를 받고 체포되었지만 완강하게 범행을 부인.

최초 분석관 거버는 샘이라고 단정함. 그 후 불륜과 불화가 알려짐, 실형 12년째인 1966년에 샘 가족의 요구로 버클리 대의 폴 커크 박사에게 검토를 의뢰.

- 면바지와 가죽벨트에 튀어서 묻은 혈흔이 있어야 함(왼쪽 무릎 부위에 스며든 혈흔만 있다).
- 벽면에 형성된 이탈 혈흔(cast-off)의 형태가 범인이 왼손잡이임을 알려 주는데 샘은 오른손잡이.
- 수많은 낙하 혈흔이 곳곳에 연결되어 있음(피해자인 메릴린의 피가 아니라 범인의 개방성 손상으로 생긴 것). 메릴린의 피라면 흉기에서 생기는 혈흔은 7~8개를 넘지 않는다는 것을 실험으로 제시함. 샘은 출혈을 보이는 개방성 손상이 없음.
  (폴 커크는 미국 법과학회 권력자인 거버에게 망신을 주었기에 AAFS의 일원이 되지 못함. 하지만 거버의 세력이 약해진 뒤, AAFS에서 가장 권위있는 상의 이름이 '폴 커크 어워드'이다. 최용석 경장(혈흔 분석))

* 혈흔의 길이 정보를 모눈 종이를 사용하거나 자로 잰다.
* 모의 혈액이 종이 밖으로 떨어지지 않도록 주의한다.
* 재질에 따른 패턴 차이가 있음으로 다양한 재질에 대해서 데이터 분석을 할 수 있다.

루미놀을 사용한 혈흔 감식

반		팀 이름		날짜	
학번과 이름					

🔍 목적

현장에서 발견된 얼룩을 테스트하여 혈액인지 여부를 확인한다.

🔍 사례 정보

미술실의 창문을 깨고 들어와서 고가의 그림을 가져갔다. 창문을 깨는 과정에서 상처를 입어 피를 흘렸다고 추정이 된다. 깨진 유리 주변과 싱크대에는 청소가 되어 있었다, 청소가 되지 않는 구역의 구석에서 붉은색 얼룩이 발견되었다. 바닥과 싱크대에서 혈액을 씻어낸 흔적을 찾아서 범인이 상처가 났다는 것을 확인할 수 있다.

청소가 된 바닥에서 얼룩을 밟고 지나간 흔적이 남아 있을 수 있다. 추가실험으로 창문과 문 근처에서 혈액이 묻은 신발에 의해 생긴 신발 바닥 흔적을 찾아 용의자의 신발 바닥과 비교한다.

🔍 범죄 수사관으로서 여러분의 임무

현장의 얼룩이 혈액의 흔적인지 식별한다.

🔍 재료 및 도구

탄산나트륨

빨간색 식용 색소

표백제

원심분리형 튜브

코니컬 튜브(15 mL, 50 mL)

건조 효모(미리 활성화시켜서 사용)

루미놀

손수건(천) 또는 종이

분무기(50 mL에서 100 mL)

돼지 피 또는 양 피(실험 일주일 전 주문, 냉장보관)

🔍 절차

▪ 루미놀 반응을 위한 모의 혈액 준비

실제 혈액과 같은 천연 단백질을 함유한 모의 혈액을 준비하려면 다음과 같이 한다.

1. 두 가지 용액을 준비한다:

   A. 탄산나트륨 0.5 g과 50 mL 증류수.

   B. 건조 효모 0.1 g과 20 mL 증류수.

2. 새 튜브에 A 10 mL를 붓고 B 4~7방울을 추가한다.

3. 빨간색 식용 색소 몇 방울을 추가하고 이 용액에 단백질 모조 혈액으로 라벨을 붙인다.

▪ 모의 혈액 및 혈액 희석 용액 준비

1. 1.5 mL 원심분리형 튜브에 혈액 한 방울(10 $\mu\ell$)을 넣고 증류수를 넣어 1000 $\mu\ell$가 되도록 100배 희석한다(1/100 희석).

2. 1/100 용액을 증류수로 5배 희석한다(1/500)

3. 1/500 희석 용액을 2배 희석한다(1/1,000)

4. 1/1,000 희석 용액을 5배 희석한다(1/5,000)

5. 1/5,000 희석 용액을 2배 희석한다(1/10,0000)

▪ 표백 용액 준비

1. 튜브 6개에 0~5번 라벨을 붙인다. 증류수를 준비한다.

2. 튜브0에 표백 용액 1000 $\mu\ell$를 넣는다.

3. 표백 샘플을 단계적으로 희석한다.

4. 튜브1에서 5까지 900 $\mu\ell$의 증류수를 채웁니다. 튜브1에 튜브0 용액 100 $\mu\ell$을 추가하고 잘 섞어 준다. 튜브2에 튜브1 용액 100 $\mu\ell$을 추가하고 잘 섞는다. 이런 과정을 계속해서 순차적으로 진행한다(serial dilution).

5. 종이 또는 천 조각에 한두 방울 떨어뜨린다.

▪ 루미놀 테스트 용액 만들기

증류수 80 mL + 루미놀 0.1 g + 탄산나트륨 4.5 g + 3% 과산화수소 80 mL

잘 섞어 스프레이 병에 옮긴다.

▪ 루미놀 실험

1. 종이 또는 천에 준비한 용액을 차례로 떨어뜨린다. (하나의 넓고 긴 띠 뿌리면 비교하기 좋다).

2. 전등 끄기(어두운 상태)

3. 루미놀 용액을 종이나 천에 분무한다.

4. 관찰한다.

모의 혈액의 민감도 분석 표

연번	희석 계수(농도)	루미놀에 대한 반응	육안으로 본 천의 색상	비고
0	1			
1	× 100 (1/100)			
2	× 1000 (1/1000)			

혈액 민감도 분석 표

연번	희석 계수(농도)	루미놀에 대한 반응	육안으로 본 천의 색상	비고
0	1			
1	× 100 (1/100)			
2	× 500 (1/500)			
3	× 1,000 (1/1000)			
4	× 5,000 (1/5000)			
5	× 10,000 (1/10000)			

시뮬레이션 표백 용액 분석 표

연번	희석 계수(농도)	루미놀에 대한 반응	육안으로 본 천의 색상	비고
0	1			
1	× 10 (1/10)			
2	× 100 (1/100)			
3	× 1,000			
4	× 10,000			
5	× 100,000			

1. 표백 용액이 혈액 검출에 오탐지를 일으키는 이유는 무엇인가?

2. 모의 표백 용액을 사용한 결과가 혈액과 비슷한 감도를 보이는가?

3. 희석 용액을 Serial dilution 방법으로 만들었다. Serial dilution 방법을 정리하라.

4. 루미놀의 광 반응식을 적어라.

🔍 **참고 자료**

A. 루미놀은 화학발광(ChemiLuminescence)을 일으킨다는 사실은 오래전부터 알려져 왔다. 혈액에 대한 루미놀 테스트는 1937년 월터 스프레흐(Walter Specht)가 처음 기술했으며, 그 이후 법과학적으로 사용 범위가 크게 확대되었다. 혈액 내 헤모글로빈과 접촉하면 루미놀은 청록색의 빛을 발산한다. 오늘날 루미놀 테스트는 뛰어난 감도 덕분에 전 세계에서 범죄 현장 조사에서 미량의 혈액을 시각화하기 위해 사용되고 있다. 루미놀의 화학 구조와 반응은 다음 그림에 나와 있다.

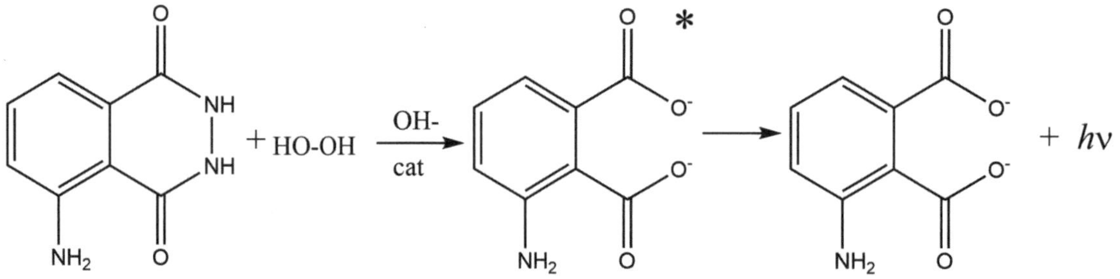

혈액은 강력 범죄 수사에서 가장 흔하게 사용되는 물리적 증거 중 하나이다. 범죄 현장에서 발견된 혈액의 법의학 분석은 여러 가지 면에서 범죄 해결에 결정적일 수 있는 귀중한 정보를 제공한다. 법의학 혈청학적 기법을 사용하면 어느 정도 답을 얻을 수 있는 질문은 다음과 같다: 정말 피인가? 피가 사람의 피인가? 피는 누구에게서 나온 것인가(신원과 성별)? 피가 어떻게 거기까지 왔는가?

Anders Nilsson(2006) 혈액에 대한 법의학 루미놀 테스트: 원치 않는 간섭과 후속 분석에 미치는 영향에서 발췌.

https://en.wikipedia.org/wiki/Luminol

신발에 묻은 피가 남긴 흔적 찾기

반		팀 이름		날짜	
학번과 이름					

🔍 목표

모의 혈액을 준비하고 피가 묻어 찍힌 희미한 신발 자국을 발현시킨다.

🔍 사례 정보

용의자는 피해자를 가해한 후, 피해자의 흐르는 피를 신발에 묻혔다. 용의자는 범행 후 화장실로 가서 신발을 세척한 것으로 추정된다. 현장에서 수사관은 화장실 밖에서 종이에서 희미하게 남아 있는 피에 의해 생긴 듯한 신발 자국을 찾아냈다. 종이에 희미하게 남아 있는 혈흔 자국을 발현하고 용의자의 신발 바닥의 패턴과 비교한다.

🔍 범죄 수사관으로서 여러분의 임무

희미하게 남아 있는 혈흔에 의한 신발 자국을 Coomassie Brilliant blue 또는 Leucocrystal Violet을 사용하여 나타나도록 한다. 또한 발현된 신발 자국이 용의자의 신발 자국과 각도, 위치, 패턴을 비교하여 일치 여부를 확인한다.

🔍 실험 1. Coomassie Brilliant blue 실험

▪ 도구

분무기 병(TLC 분무에 사용한 병과 유사)	안전 고글
저울(±0.01 g)	비커 1500 mL
눈금 실린터 100 mL	자기 교반기 및 교반 막대
세척용 병 250 mL	보관용 병(투명하고 어두운 색)

▪ 시약

Coomassie Brilliant Blue(Acid Blue 83으로도 불림, 이하 CBB)

빙초산	메탄올

▪ **현상용액(developer solution)**

1. 1500 mL 비커를 자기 교반기에 놓는다.

2. CBB 0.96 g, 빙초산 84 mL, 메탄올 410 mL, 증류수 410 mL를 계량한다.

3. 미리 계량된 재료를 비커에 넣고 약 30분 동안 또는 CBB가 모두 녹을 때까지 저어 준다.

4. 시약을 적절한 크기의 저장병에 따르거나 병을 헹구고 필요할 때까지 보관한다.

▪ **세척 용액**

1. 1500 mL 비커를 자기 교반기에 놓는다.

2. 빙초산 100 mL, 메탄올 450 mL, 증류수 450 mL를 계량한다.

3. 용액을 약 30초 동안 혼합한 후 적절한 크기의 저장소에 따라낸다. 또는 병을 세척하고 필요할 때까지
   보관한다.

▪ **절차**

1. 의심되는 부분에 메탄올을 분무하면 print(흔적)물이 고정(fix)되는 것을 도와준다.

2. 고정된 의심 부위에 Coomassie Brilliant Blue를 뿌린다.

3. 흔적이 보이도록 현상액을 필요에 따라 30~90초 동안 그대로 둔다.

4. 세척 용액을 사용하여 판지를 싱크대 위에 잡고 현상액을 헹궈 냅니다.

5. 필요한 경우 원하는 대비가 얻어질 때까지 현상제와 세척용액을 계속해서 적용할 수 있다.

6. 현상이 만족스러우면 증류수로 최종 헹굼을 하여 배경 얼룩을 최소화하고 대비를 향상시킨다.

7. 선택사항: 현상된 인쇄물을 사진으로 촬영할 수 있다.

8. 채취한 족흔적과 용의자의 족흔적을 비교하라.

🔍 실험 2: Leucocrystal Violet(이하 LV) 실험 과정

이는 1단계 반응공정이라는 점에서 CBB보다 더 간단하다.

▪ **도구**

비커 500 mL	자석교반기 및 교반 막대
저울(±0.01 g)	분무기 또는 세척 병

- **시약**

1. 현상액: 500 mL 비커에 아래 표시된 순서대로 섞는다.

   (1) 5-Sulfosalicylic acid(5-설포살리실산), 10 g

   (2) Sodium acetate(아세트산나트륨), 3.7 g

   (3) Leucocrystal Violet, 1 g

   (4) 3% Hydrogen peroxide(과산화수소), 500 mL

2. 시약을 적절한 크기의 어두운 보관병이나 세척한 병에 따르고 필요할 때까지 보관한다.

- **절차**

Leucocrystal Violet은 혈액과 1단계 처리(one-step application)로 발색하는 시약으로 현상과 세척과 같은 과정이 없다. 사용 절차는 다음과 같이 간단하다.

1. Leucocrystal Violet은 혈액이 묻어 있는 것으로 의심되는 표면에 뿌리거나 헹구어 사용한다. 모든 혈흔은 자청색으로 표시된다.

2. 현상된 상은 가능한 한 빨리 사진을 찍어야 한다. 빛에 노출되면 배경 얼룩이 생기고 현상된 이미지가 저하될 수 있다.

- **실험 1: Coomassie Brilliant Blue**

1. 나타난 신발 프린트(족흔적)를 데이터 시트에 첨부한다.

2. 당신이 현상한 혈흔 신발 자국과 잉크로 찍은 신발 자국이 일치하는 용의자를 식별하라.

- **(선택 사항)실험 2: Leucocrystal Violet**

1. 현상된 신발 프린트(족흔적)를 데이터 시트에 첨부한다.

2. 당신이 현상한 혈흔 신발 자국과 잉크로 찍은 신발 자국이 일치하는 용의자를 식별하라.

🔍 **법과학 질문**

1. 신발 프린트 현상 방법이 미세한 부분까지 잘 나타내는가?

2. 이 방법은 절대분석인가, 아니면 비교분석인가?

3. 카펫이나 덮개 표면에 피 묻은 신발 자국을 현상하는 데 이 방법을 사용할 수 있다고 생각하는가? 관심이 있다면 지도 교원에게 요청하여 시도해 보시오. (카펫 조각을 제공한다.)

4. Amido black를 사용하는 실험 과정을 조사하라.

5. 루미놀, CBB, LV의 혈액과 반응식을 적고 장단점과 특성에 대해서 정리하라.

6. 족흔적으로 추정 가능한 것은 무엇이 있을까?

🔍 참고 자료

A. CBB와 LV는 표면에 의심되는 혈액의 잠재 지문을 검사할 때, 혈청학적 검사 시 주의사항은 동일하다. 다만 Leucocrystal Violet으로 밝혀진 의심되는 혈흔은 PCR 기술을 사용하여 혈청학적으로 추가 검사할 수 있다.

비다공성 표면에 일련의 혈흔을 준비하고 시약을 처리하여 시약을 테스트한다. 색상과 강도의 발현에 주목한다. Leucocrystal Violet 용액은 1:100 희석된 혈흔 얼룩까지 잘 발현될 것이다.

B. 신발 패턴 분석(족흔적 분석)

양호진, 장문수, 박소영. (2022). 이미지 기술자를 활용한 범죄 족적의 매칭. 한국데이터정보과학회지, 33(2), 223-236.

루미놀이 없을 경우 추정 혈액 감식

반		팀 이름		날짜	
학번과 이름					

🔍 목적

혈액 추정 테스트의 절차와 중요성을 이해한다.

🔍 사례 정보

창문을 깨고 들어와서 미술실의 고가의 그림과 그림 도구를 사용하였다. 깨진 유리 주변에는 청소가 되어 있었다, 주변에서 찾은 붉은색 얼룩이 혈액인지 확인한다.

🔍 범죄 수사관으로서 여러분의 임무

현장에서 발견된 얼룩에서 혈액과 혈액이 아닌 것을 구별하는 것이다.

🔍 재료 및 도구

면봉	증류수
페놀프탈레인 용액(0.1% 용액)	70% 에탄올
집적병(dropper, disposable pipet)	과산화수소수(H_2O_2 3% 용액)
시험관 또는 비커	아연
가열 교반기	

🔍 절차

▪ Kastle-Meyer 용액 제조

1. 0.1 g phenolphthalein을 25% NaOH 수용액 10 mL에 녹인다.

2. Mossy zinc 또는 순수한 아연 조각을 넣는다. 용액은 밝은 핑크색이다.

3. 시험관에 비등석을 넣고 용액의 색이 없어지거나 엷은 노란색으로 변할 때까지 약하게 끓여 준다. 용액의 부피가 10 mL를 유지하도록 필요할 경우 물을 보충한다.

4. 식힌 용액을 70% 에탄올을 사용하여 100 mL로 만든다.

5. 파란색 또는 갈색 병에서 마개를 확실하게 닫아서 보관한다.

    https://www.thoughtco.com/kastle-meyer-test-to-detect-blood-607820

■ 천연 단백질을 함유한 모의 혈액을 준비

1. 두 가지 용액을 준비한다:

    A. 탄산나트륨 0.5 g과 50 mL 증류수, B. 건조 효모 0.1 g과 20 mL 증류수

2. 새 튜브에 A 용액 10 mL를 붓고 B 용액 4~7방울을 추가한다.

3. 빨간색 식용 색소 몇 방울을 추가하고 이 용액에 모조 혈액으로 라벨을 붙인다.

■ 절차

· 실험 1. 양성 대조군 확인 실험

1. 범죄 현장의 증거물에 대한 추정 테스트를 수행하기 전에 양성 대조군과 양성 결과를 낼 수 있는 몇 가지 물질을 사용하여 추정 테스트를 연습한다. 이러한 화학 물질을 다룰 때는 장갑을 착용한다.

2. 각 카드를 얼룩의 중앙에서 반으로 자른다. 이렇게 하면 결과에 혼란이 있을 경우 실험을 반복할 수 있다.

3. 반응을 쉽게 알아볼 수 있도록 카드의 절반을 빈 종이 위에 올려놓는다.

4. 면봉에 증류수 한 방울을 떨어뜨린 후 대조(control) 카드의 얼룩에 문질러 준다.

5. 면봉에 페놀프탈레인 용액 한 방울을 떨어뜨린다. 이때 색이 변하면 시약이 오염된 것이므로 테스트가 유효하지 않은 것으로 간주해야 한다.

6. 면봉에 과산화수소 용액 한 방울을 떨어뜨린다.

7. 30초에서 3분 사이에 분홍색이 나타나면 건조된 물질이 혈액일 가능성이 높다는 것을 나타낸다.

8. 분홍색이 관찰되지 않거나 3분 30초가 지난 후에도 분홍색이 나타나지 않으면 음성으로 간주한다.

9. 데이터 수집 시트에 결과를 기록한다.

· 실험 2. 카슬 마이어 테스트(Kastle-Meyer Test)

안전: 테스트를 수행할 때는 보안경과 장갑을 착용한다. 페놀프탈레인 용액은 가연성이므로 화기나 뜨거운 표면과의 접촉을 피한다.

1. 3% 과산화수소 용액 10 mL를 준비한다.

2. 가위를 사용하여 혈액으로 얼룩진 천에서 아주 작은 조각을 잘라낸다.

3. 현미경 슬라이드에 작은 천 조각을 올려놓고 샘플에 Kastle-Meyer 용액을 한두 방울 떨어뜨린다. 30

초 이상 기다렸다가 관찰한다.

4. 과산화수소수 용액을 천 시료에 떨어뜨린다. 몇 초간 기다렸다가 관찰한다.

5. 준비된 다른 물질에 대해 분석한다.

* 면봉을 증류수로 적시고, 면봉에 시료를 닦아내어 동일한 방법으로 확인할 수 있다.

■ 실험 1. 양성 대조군 확인

물질	예측(+ve or -ve)	실험실 관찰 (발색 색상, 분홍색으로 바뀌는 시간)	결과
음성 대조군			
양성 대조군			
물질 1			
물질 2			
물질 3			
물질 4			

■ 실험 2. 카슬마이어 테스트 표

용액	음성 대조군	인체 혈액	모의 혈액	물질 1	물질 2	물질 3
과산화 수소수 용액						
페놀프탈레인 용액						

1. 양성 대조군 카드를 테스트했을 때 무엇을 관찰했는가?

2. 추정 혈액 검사에서 위양성을 보이는 일반적인 물질은 무엇인가?

3. 경찰관이 현장에서 추정 검사를 실시하는 이유는 무엇인가? 나중에 확진 검사를 하는 것이 중요한 이유는 무엇인가?

4. 페놀프탈레인과 혈액, 페놀프탈레인과 다른 위양성 물질과 반응하는 기작을 조사하라.

A. 혈액은 범죄 현장에서 흔히 발견되는 생물학적 증거의 일종으로, 용의자와 피해자 또는 물체를 연결하는 데 사용될 수 있다. 범죄 현장에서 발견된 혈흔은 잠재적 용의자를 제거하거나 신원을 확인하는 데 큰 역할을 할 수 있다.

법과학 실험실에서 사용되는 혈액의 두 가지 주요 요소는 DNA 검사를 수행하는 경우를 제외하고 적혈구와 혈청 단백질이다. 적혈구 표면에는 항원이라는 화학 구조가 있는데, 이 항원은 서로의 관계에 따라 그룹으로 나뉜다. 일반적으로 사용되는 항원 그룹 시스템은 1990년대까지 혈액형 검사에 사용되던 ABO 그룹이다. 항체와 같은 혈청 단백질은 다양한 검사에 자주 사용된다. 항체는 특정 항원을 활성화하거나 파괴하기 때문에 특정 항원 그룹과 항체가 혼합될 때 특정 반응이 일어날 수 있다.

수사관이 범죄 현장에서 혈액처럼 보이는 얼룩을 발견했을 때, 그 얼룩이 혈액인지 확실히 알기는 어렵다. 조사관은 세심한 문서화 작업을 거친 후 현장에서 추정 테스트를 통해 혈액을 신속하게 식별할 수 있다. 검사 결과가 음성이면 혈액이 없는 것이지만, 검사 결과가 양성이면 혈액이 있는 것으로 추정하기 때문에 추정 검사라고 한다. 수많은 화합물이 위양성 반응을 일으킬 수 있으므로 양성 추정 검사 후에는 반드시 확진 검사를 실시해야 한다. 확진 검사는 훨씬 더 정확한 결과를 제공하지만 수행 시간이 오래 걸리고 분석을 위해 샘플을 실험실로 보내야 한다.

혈액의 추정 검사는 적혈구에 포함된 헤모글로빈의 퍼옥시다아제(과산화 효소) 유사 활성을 기반으로 한다. 과산화 효소는 여러 종류의 유기 화합물의 산화를 촉진하는 효소이다. 추정 테스트에는 색이 변하는 테스트와 발광 반응을 일으키는 테스트의 두 가지 범주가 있다. 색 변화 추정 테스트에서는 멸균 면봉에 증류수를 적셔 혈액으로 추정되는 작은 시료와 접촉시킨다. 그런 다음 추정 시약과 과산화수소 한 방울을 면봉에 떨어뜨린다. 즉각적인 색상 변화는 혈액이 존재할 수 있음을 나타냅니다. 또는 면봉 테스트에서와 같이 건조된 물질의 실 또는 조각을 스팟 플레이트에 놓고 위의 시약을 추가하여 추정 테스트를 수행할 수도 있다.

B. 카슬 마이어 테스트(Kastle-Meyer test)로 더 잘 알려진 페놀프탈레인 테스트는 현재 가장 자주 사용되는 추정 색상 테스트 중 하나이다. 양성 반응이 나타나면 알칼리성 용액에서 환원된 페놀프탈레인이 밝은 분홍색으로 변한다. 이는 페놀프탈레인이 헤모글로빈이 있는 상태에서 과산화수소에 의해 산화되기 때문에 발생한다. 그러나 페놀프탈레인 시약은 식물성 물질이 존재할 경우 위양성을 보이는 것으로 알려져 있다. 따라서 증거물을 수거하여 실험실로 이송한 후 확인 검사를 실시한다.

모발 식별과 감정

반		팀 이름		날짜	
학번과 이름					

목표

기본적인 모발 구조를 설명한다.

현미경으로 다양한 종류의 모발을 비교한다.

사례 정보

주말에 강의실에서 배달 음식을 먹은 학생들이 교실을 정리하지 않고 나갔다. 책상 위에 방치된 배달 포장지에서 모발을 수거하였다. 남아 있는 모발을 해당 반 학생들의 모발과 비교한다.

범죄 수사관으로서 여러분의 임무

모발 구조를 설명하고 범죄 현장의 머리카락과 비교 식별한다.

재료 및 도구

현미경

증류수

자

현미경용 슬라이드 유리 및 커버 유리

dropper

정밀 집게

절차

■ 실험 준비

각 조별백에 학생 수에 맞게 지퍼백을 넣어 배분한다.

학생들은 받은 지퍼백에 자신의 머리카락을 두 올씩 채집해서 넣고 이름을 적는다

조별백에 조원들의 머리카락이 들어있는 개인 지퍼백을 넣어서 교사에게 제출한다.

교사는 각 조에서 한사람의 머리카락을 용의자 머리카락을 선택하여 현장 수거 지퍼백에 넣는다. 각 개인 지퍼백에서 머리카락을 한 올만 남긴다. 조별백에 현장수거백과 조원 개인백을 넣는다.

조별 백을 다른 조에 나누어 주도록 한다.

■ 실험

1. 수거된 봉투에서 머리카락을 집어 슬라이드 글래스에 올린다
2. 머리카락에 증류수를 조금 떨어뜨려 머리카락을 고정한다.
3. 머리카락과 물이 있는 상태에서 커버 글래스를 덮는다.
4. 다양한 배율에서 머리카락을 관찰한다.
5. 머리카락을 교환하면서 관찰한다.

1. 범죄 현장의 모발 구조를 분류하고 표를 채워라.

	현장 수거 모발	A	B	C	D
모발 전체 스케치 (사진, 그림)					
모발 직경					
수질(medulla) 직경					
Medulla index					
색소 분포					
모발 끝 상태 (매끈함, 갈라짐, 뭉툭함, 찌그러짐, 닳음 등)					
뿌리 상태 (둥근, 뾰족해짐, 없는 것 등)					
모표피 모양					
색상					
모발 길이					

🔍 법과학 질문

1. 스케치를 바탕으로 누가 범죄 현장에 머리카락을 남겼는가? 머리카락의 어떤 패턴이 범죄 현장에 머리카락을 남긴 사람을 식별하는 데 도움이 되었는지 설명하라.

2. 각 샘플의 모수질(medullary index) 지수를 비교하라.

   Malays J Med Sci. 2009 16(3): 35-40

3. 한국인과 외국인의 모발에 차이가 있는가?

4. (선택사항) 신체의 다른 부위의 털은 서로 차이가 있는가? 특징이 있는가?

🔍 법과학 질문

1. 스케치를 바탕으로 누가 범죄 현장에 머리카락을 남겼는가? 머리카락의 어떤 패턴이 범죄 현장에 머리카락을 남긴 사람을 식별하는 데 도움이 되었는지 설명하라.

A. 마이크로 미터를 이용한 머리카락 굵기 측정하는 방법

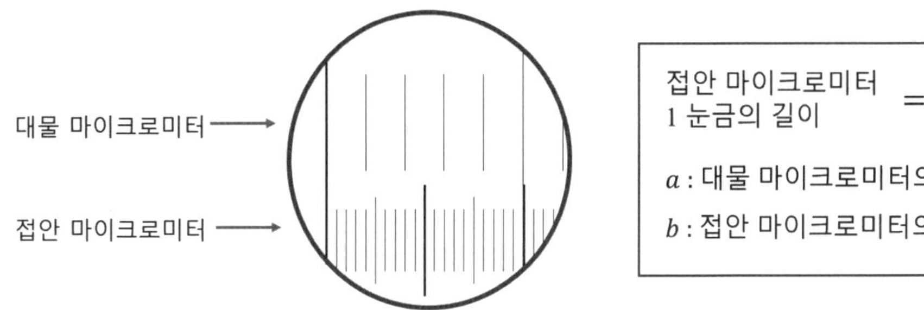

위 그림처럼 머리카락이 a=5 눈금, b=20 눈금에 일치하였다면 굵기는 2.5 ㎛로 측정된다.

B. 털은 포유류의 피부에 있는 모낭에서 가늘고 실처럼 자라는 것으로 정의할 수 있다. 주로 케라틴으로 구성되어 있으며 표피, 수질, 피질의 세 가지 형태학적 영역으로 이루어져 있다. 이러한 영역은 그림 1에 기본적인 구조와 함께 설명되어 있다.

머리카락은 유두(모낭, 돌기)에서 자라며 그 생성 시점을 제외하고는 죽은 각질화된 세포로 이루어져 있다. 털은 피부 위로 돌출된 모간과 피부 속에 박혀 있는 모근으로 구성된다. 모근의 기본 구성 요소는 케라틴(단백질), 멜라닌(색소), 미량의 금속 원소이다. 이러한 요소는 모발이 성장하는 동안 모발에 축적되거나 외부 환경으로부터 모발에 흡수된다. 성장기가 지나면 모발은 모낭에 남아 휴지기를 거쳐 결국 몸에서 빠져나가게 된다.

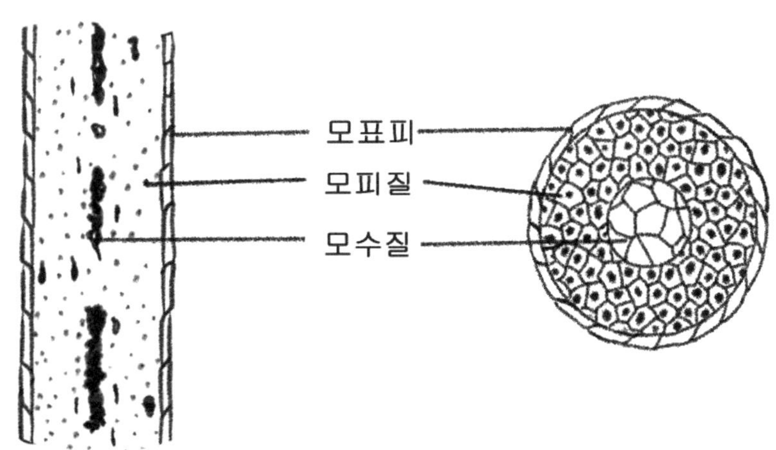

그림 1. 모발 구조

현미경으로 인간과 동물의 털 검사와 분석

반		팀 이름		날짜	
학번과 이름					

🔍 목표

기본적인 모발 구조를 수집하고 설명한다.

현미경으로 다양한 종류의 모발을 비교한다

🔍 사건 정보

KOSA가 키우고 있는 작물 중에 일부가 귀가 주 주말에 훼손되어 있었다. 현장을 자세히 조사하면서 화분에서 털(모발)을 수거했다. 크샤냥이의 털과 울타리에서 야생동물의 털을 수거할 수 있었다.

🔍 범죄 수사관으로서 여러분의 임무

수사관들은 현장에 있는 털을 활용하여 어떤 동물이 작물을 훼손했는지 알고자 한다.

🔍 재료 및 도구

비커 50 mL

스크류 캡이 있는 병 25 g(샘플용)

해부용 바늘

현미경용 커버 유리

포셉(정밀 집게, 수술용 집게)

안전 고글

에탄올 또는 이소프로필 알코올

투명 매니큐어

캐나다 발삼

모발 샘플(Scene, Y, Z라는 라벨이 붙은 다양한 소스의 모발과 동물 털)

외날 면도칼

약품 점적기

복합 현미경(100× 배율)

현미경용 슬라이드 유리

가위

Kleenex tissue(유사품 가능)

글리세린

고무 시멘트

🔍 절차 1. 인간 모발 비교

▪ 파트 1: 일반적인 내부 특성

머리카락의 특성을 파악하려는 정성적 방법이다. 샘플을 채취하고 이 모발 샘플을 다른 샘플과 일치시키려고 시도한다.

1. Scene이라는 라벨이 붙은 사람의 머리카락 한 가닥을 얻어 현미경용 유리 슬라이드 위에 놓는다.

2. 글리세린을 모발에 한두 방울 떨어뜨려 고정시킨 후 커버를 씌워 줍니다. 이것을 습식 마운트라 한다.

3. 슬라이드를 복합현미경의 스테이지에 올려 놓고 배율을 100×로 조정한다.

4. 머리카락의 뿌리 끝이 있는 경우 해당 부분을 찾는다. 머리카락을 강제로 뽑은 경우 전구 모양으로 부풀은 곳을 볼 수 있다(본인의 모발 하나를 꺼내서 살펴본다). 이것은 모근과 모근에 붙어 있는 작은 물질로 구성된 입자이다. 이는 모근을 둘러싸는 살과 조직의 일부로 이루어져 있다.

5. 데이터 시트의 적절한 위치에 보이는 내용을 스케치한다.

6. 머리카락의 길이를 따라 스캔한다. 머리카락에 달라붙은 이물질을 확인한다. 수질(medullar)은 단편적(즉, 고립된 지점에 존재)입니까? 중단형(때때로 열린 공간이 있는 긴 기둥)입니까? 연속형(단절되지 않은 기둥)입니까? 아니면 전혀 없는가?

7. 모발의 색상, 상대 직경, 색소 분포를 확인한다. 이러한 관찰을 위해 현미경의 배율을 높일 수도 있다. 모발 샘플의 상대적인 직경을 비교할 수 있는 방법을 찾아서 적용하라.

8. 다양한 모발 샘플을 검사하면서 관찰한 각 유형의 수질에 대한 스케치를 만들어라(사진을 찍어도 된다). 300배 이상 확대하면 일부 모발에서는 피질 퍼지라고 알려진 불규칙한 모양의 공기 공간이 피질 전체에 분산되어 나타날 수 있다. 다량으로 존재할 경우 그 크기와 분포를 기록한다.

9. 머리카락 끝을 살펴보라. 이 끝은 머리카락의 점진적인 테이퍼링에 의해 결정될 수 있다. 최근에 머리를 잘랐다면 끝 부분에 사각형 모양이 보일 것이다. 일반적으로 머리카락은 자라면서 미세한 끝으로 가늘어집니다. 모발 끝이 갈라진 경우 일반적으로 인위적인 웨이브나 탈색으로 인해 발생하지만, 반복적인 빗질로 인해 이러한 효과가 나타날 수도 있다.

10. Y와 Z의 모발 샘플에 대해서도 파트 1을 반복한다.

11. 데이터 시트에 Y와 Z의 머리카락 모양에서 발견된 차이점을 기록한다.

12. Y 또는 Z가 Scene의 머리카락과 비교됩니까?

▪ 파트 2: 모발 색깔

1. 다른 사람들로부터 빨간색, 금발, 검은색, 갈색 등 다양한 색상의 머리카락을 얻는다.

2. 흰 모발을 얻어 보세요. 검사를 위해 이것을 얻을 수 있다면 검사한 다른 머리카락 색깔의 모발과 어떤 점이 다른지 비교하십시오.

3. 데이터 시트를 작성하고 (세척된) 모든 재료와 현미경을 실험실 강사가 지정한 장소에 반환한다.

🔍 데이터 시트

▪ 실험1: 일반적인 내부 특성

1. 모발 검사를 통한 관찰.

가. 모근

나. 외부 끝

다. 머리카락의 뿌리와 바깥쪽 끝 스케치

2. 검사한 모발의 색상, 상대 직경, 색소 분포를 기록해 둡니다.

가. scene

나. 용의자 Y

다. 용의자 Z

3. medulla의 다양한 형태를 스케치한다(각각에 그것이 나타내는 형태를 라벨로 붙인다).

1. 모발 검사를 통한 관찰.

■ **실험2: 머리 색깔**

· 빨간색

· 갈색

· 검은색

· 금발

· 흰색

1. 실험1의 결과를 바탕으로 Y와 Z 중 누가 작물을 훼손했는지 확실하게 일치시킬 수 있는가?

2. 머리카락 샘플의 다양한 색상 간의 유사점과 차이점을 나열하라.

3. 머리카락의 특성은 나이에 따라 변하는가?

4. 법과학에서 모발(털)을 사용하는 다른 검사 방법은 어떤 것이 있는지 조사해 보자.

🔍 절차 2. 동물에게서 얻은 샘플 털

인간 모발과 같은 절차를 따른다.

■ 파트 1: 일반적인 내부 특성

알려진 동물로부터 얻은 털에 대해 이전 단계를 반복한다. 다양한 동물의 털을 조사하면서 관찰한 다양한 유형의 수질을 그려 보자.

■ 파트 2: 스케일 패턴

스케일 패턴은 인간의 머리카락을 비교할 때 거의 가치가 없지만 동물의 머리카락을 구별하는 데 도움이 될 수 있다. 이제 인간과 동물의 털의 비늘 패턴을 조사한다.

1. 사용하려는 모발을 알코올을 적신 접은 티슈로 잡아당겨 모발 표면의 기름기와 기름을 제거한다.
2. 현미경으로 간단히 검사하여 세척이 잘 되었는지 확인한다. 모표피 비늘의 패턴은 모발의 종 기원을 결정하는 데 유용하다. 인간의 머리카락에서는 비늘이 매끄럽게 겹쳐져 있는 반면, 다른 포유류 종에서는 거칠고 톱니 모양으로 돌출되어 있다. 비교를 돕기 위해 주어진 거리당 눈금 수를 사용한다. 비늘을 직접 검사하는 것은 어려우므로 가장 흔히 하는 일은 비늘의 모형을 준비하는 것이다. 다음과 같은 방법으로 진행한다.
3. 유리 슬라이드에 투명한 매니큐어를 얇게 바른다.
4. 투명 매니큐어가(매우 빠르게 건조됨) 건조되기 전에 매니큐어 표면에 머리카락 한 가닥을 올려 놓는다.
5. 매니큐어가 완전히 건조되기 전, 표면이 부분적으로 굳어진 후 슬라이드에서 머리카락을 들어 올린다. 이제 굳어진 매니큐어에서 머리카락의 흔적이 보일 것이다.
6. 흔적이 있는 슬라이드를 현미경 스테이지에 올려놓고 초점을 맞춰 모발의 비늘 모양을 관찰한다.
7. 다음으로는 슬라이드에 놓인 머리카락 자체의 비늘 패턴을 관찰한다. 어느 것이 더 쉽게 보이는가?
8. 데이터 시트에 관찰 내용을 기록하라.
9. 고무 시멘트만 사용한 다음 캐나다 발삼을 사용하여 위의 과정을 반복하라.
10. 관찰한 내용을 데이터 시트에 기록하고 어떤 것이 가장 마음에 드는지 정하라.
11. 이 과정에서 사용한 서로 다른 두 머리카락의 스케일 패턴을 스케치한다.

* 매니큐어로 얻은 사람 머리카락의 비늘 패턴(cuticle 모양)을 그린다(사진을 찍는다).
* 고무 시멘트 및/또는 캐나다 발삼으로 얻은 것과 동일 머리카락의 스케일 패턴을 그린다.

1. 동물(라벨)의 털 비늘 모양을 그린다(사진을 찍는다).

1. 동물(라벨)의 털 비늘 모양을 그린다(사진을 찍는다).

2. 크샤냥이를 포함한 고양이, 여러 종의 개, 그리고 학교에 나타나는 조류와 4족 포유류의 털을 수거하여 표를 작성하라.

동물				
동물 털 스케치 (사진)				
샤프트(모발) 직경				
수질(medulla) 직경				
Medulla index				
색소 분포				
모발 끝 상태 (매끈함, 갈라짐, 뭉툭함, 찌그러짐, 닳음 등)				
뿌리 상태 (둥근, 뾰족해짐, 없는 것 등)				
색상				
모발 길이				

1. 인간의 모발과 구별이 되는가? 털을 사용하여 인간과 동물을 구별하는 것을 정리하라.

2. 동물은 서로 털의 차이가 있다. 각 동물별로 털의 특성에 대해 조사해 보자.

현미경으로 직물 섬유 검사

반		팀 이름		날짜	
학번과 이름					

🔍 목표

직물의 구성을 이해하고, 섬유의 종류를 이해하고, 종류와 직조로 직물을 분석한다.

🔍 사건 정보

야간에 KOSA 담장을 넘어서 나간 학생이 있다는 것을 CCTV로 알게 되었다. 해당 CCTV 구역의 담장에서 찢긴 옷 일부를 수거할 수 있었다. 조사관들은 수거된 옷감이 월장을 한 학생의 옷에서 찢어진 것으로 추측한다. 용의자 옷에서 섬유의 단면을 얻고 섬유의 조성을 얻어 비교 분석한다.

🔍 범죄 수사관으로서 여러분의 임무

현미경으로 직물을 조사한다. 직물의 구성인 섬유의 단면을 묘사하고 직조의 구성을 활용하여 사건 현장에서 수거한 직물 조각과 용의자의 옷을 비교 식별한다.

섬유와의 반응을 통한 섬유의 종류를 밝힐 수 있다.

🔍 재료 및 도구

비커 50 mL

스크류 캡이 있는 병 25 g(샘플용)

해부용 바늘

커버 유리

포셉(정밀 집게, 수술용 집게)

안전 고글

샘플(Scene, Y, Z라는 라벨이 붙은 다양한 종류의 직물)

외날 면도칼

약품 점적기

복합현미경(100× 배율)

현미경 슬라이드

가위

Kleenex tissue(유사품 가능)

1. 복합현미경을 구해 슬라이드 위에 물체를 올려놓고 100× 배율로 조명과 초점을 조정한다.

2. 섬유질이 몇 개 이상 뭉쳐져 있는 경우 해부바늘을 사용하여 섬유질별로 분리한 후 깨끗한 종이 위에 나란히 놓는다.

3. 플레이트 구멍을 통과할 작은 직경의 와이어나 강한 실 조각을 구한다.

4. 구멍 중 하나를 통해 와이어를 통과시키고 몇 개의 섬유 주위에 고리를 만든 다음 다시 처음 구멍을 통해 통과시킨다.

5. 구멍을 통해 섬유를 다시 끌어당겨 엄지손가락으로 제자리에 고정한다. 절단을 하기 전에 섬유가 판에 단단히 박혀 있는지 확인한다. 느슨하다면 더 많은 섬유를 사용하거나, 알려진 단면적의 섬유를 샘플에 추가하여 단단하게 고정하고 잡아당긴다.

6. 면도날로 슬라이싱 컷으로 짧은 쪽의 섬유질을 잘라낸다.

7. 판을 뒤집어서 이 과정을 반복하라. 추가 테스트를 위해 섬유를 보관한다.

8. 렌즈 아래에 플레이트를 놓고 초점을 조정한 다음 해당 섬유의 단면을 그린다.

9. 비교를 위해 표준물을 사용하여 프로세스를 반복한다.

10. 해부용 바늘을 펀치로 사용하여 구멍을 청소한다.

▪ 섬유 단면 만들기

1. 샘플 섬유의 단면을 스케치한다.

2. 적어도 3개 이상의 알려진 섬유의 단면을 스케치한다.

3. 샘플이 표준물과 일치합니까? 그렇다면 어느 것입니까?

A. 섬유 단면 만들기

출처: D. M. Hall, Auburn University Press, 1976의 "Practical Fiber Identification"
Lab Manual; Criminalistics, An Introduction to forensic science, 9th. ed., Richard Saferstein, 2007,
Pearson Education, p149-157
https://www.studysmarter.co.uk/explanations/law/forensic-science/fiber-analysis/

B. 섬유 단면

머리카락과 섬유는 육안으로 보이는 것처럼 모두 둥글지는 않고, 대부분은 단면으로 봤을 때 독특한 모양을 가진다. 이 특성은 범죄학자가 특정 유형의 머리카락이나 섬유를 식별하는 데 도움을 줄 수 있다.

C. 직물의 단면 만들기: cork나 silicone 마개와 같은 것에 실을 꿰고 단면을 면도칼로 자르면 안정적으로 단면을 볼 수 있다. 코르크 대용으로 GC나 LC에서 사용하는 자동 주입용 시약 vial의 뚜껑에 사용하는 septum을 이용해서 실을 고정해서 자르면 단면을 얻을 수 있겠다. 또는 25 mL 부피 플라스크 마개로 사용하는 직경이 작은 점점 가늘어지는 실리콘 마개를 사용할 수 있다.

화학 반응을 통한 섬유 식별

반		팀 이름		날짜	
학번과 이름					

🔍 목표

직물의 구성과 섬유의 종류를 이해하고, 종류와 직조로 직물을 분석한다.

🔍 사건 정보

야간에 KOSA 담장을 넘어서 나간 학생이 있다는 것을 CCTV로 알게 되었다. 해당 CCTV 구역의 담장에서 찢어진 옷 일부를 수거할 수 있었다. 조사관들은 수거된 옷감이 월장을 한 학생의 옷에서 찢어진 것으로 추측한다. 찢어진 옷을 가진 용의자를 3명 특정할 수 있었다. 해당 옷을 이루는 섬유의 종류를 알고 섬유의 직조를 통해 현장의 옷감과 비교 분석한다.

🔍 범죄 수사관으로서 여러분의 임무

섬유와의 화학 반응을 통한 섬유의 종류를 밝혀서 직물을 조사한다. 직물의 구성인 섬유의 조성과 섬유 내 조성의 패턴을 확인하여 수거한 직물 조각과 용의자의 옷을 비교 식별한다.

🔍 재료 및 도구

비커 30 mL, 100 mL	병 120 mL, 나사형 캡, 샘플용
병, 세척, 250 mL	눈금 실린더 10 mL
집게(겸자)	시계 접시 10 cm
열교반기	pH 종이
교반 막대 10 cm	테스트 직물
온도계(최대 120℃)	수건
안전 고글	염화아연 67%
아세트산 100%	아세톤
클로로포름	m-크레졸

수산화암모늄 1%

부틸카르비톨 15%

디메틸포름아미드 55-60%

포름산 90%

칼슘티오시안산염

진한 염산

과산화수소 3%

수산화나트륨 5%와 45%

모노클로로벤젠

황산 60%와 70%

진한 질산

페놀 90%

나트륨 하이드로설파이트

차아염소산나트륨 5.25%, 산, 염기

TIS 포뮬러 I

TIS 포뮬러 II

샘플은 번호가 매겨진 용기에 담긴 다양한 유형의 직물 섬유이다.

🔎 절차

▪ 파트 A: 염색 테스트

· Formula I 테스트 직물 식별 염색(Test Fabric Identification Stain, TIS)

1. 1% TIS 염색약 20 mL를 30 mL 비커에 넣고 열교반기에서 따뜻하게 한다.

2. 샘플을 적십니다.

3. 염색약을 가열하고 샘플을 완만하게 끓는 용액에 3~5분 동안 담근다.

4. 연수인 찬물에 잘 헹군다.

5. 원단이 AATCC Multifiber Test Fabric Type I인 경우 따뜻한 다리미로 샘플을 눌러 염색한다. 샘플을 워크시트에 붙인다.

· Formula II 테스트 직물 식별 염색(Test Fabric Identification Stain, TIS)

1. 1% TIS 염색약 20 mL를 비커에 넣는다.

2. 시험 시료는 물에 적셔 끓이거나 착색된 경우 벗겨낸다. 벗겨 내는 방법은 파트 C를 참조한다.

3. 염색약을 끓이고 10% 아세트산 용액 두 방울을 넣은 다음 원단을 담근다. 5분간 끓인다. 50℃에서 헹군다. 섬유를 건조한다.

· 십자염색(Cross Dyeing, 후염법) 이색염

1. 흰색 유니온, 혼방 또는 혼합 직물 조각을 준비된 포뮬러 I 또는 포뮬러 II 염료 용액에 넣고 3~5분간 끓인다. 위의 포뮬러 숫자 사양에 따라 헹군다. 그런 다음 샘플을 누르고 마운트하여 현미경으로 섬유를 식별한다.

· Xanthoproteic Protein Test 황색단백질 시험(양모, 실크)

1. 유리 막대를 이용하여(슬라이드를 사용하거나 시계 접시 위의) 시료에 질산 1~2방울을 떨어뜨린다.

   질산은 크산트로프로테산의 형성으로 인해 노란색을 나타납니다.

2. 수산화암모늄을 1~2방울 첨가한다. 염기로 인해 색이 강화된다.

3. 생성된 색상과 반응을 기록해 보세요. 단백질 섬유만이 이런 식으로 반응한다.

4. 먼저 단백질 섬유를 테스트하고 시간이 허락하는 한 다른 섬유도 테스트한다.

5. 섬유 반응을 보고하라.

미지 섬유의 테스트는 위 실험 방법으로 실시한다.

1. 알려지지 않은 직물에 대해 위의 테스트를 반복하고 예비 식별을 수행한다.

2. 현미경으로 섬유를 검사하여 여러 유형의 섬유가 존재하는지 식별한다.

■ 파트 B: 용해도 테스트

1. 100% 아세톤(상온):

2. 100% 아세트산(비등):

3. m-크레졸(80-99℃):

4. 90% 페놀(실온):

5. (뜨거운) 티오시안산칼슘:

6. 모노클로로벤젠(끓는점):

7. 5% 수산화나트륨(끓임).

   가용성:

   부분 용해성:

8. 45% 수산화나트륨(끓임).

   가용성:

   부분적으로 용해됨:

9. 5.25% 차아염소산나트륨(실온):

10. 90% 포름산(실온):

11. 1:1 염산(상온):

12. 진한 염산(상온):

13. 진한 질산(상온):

14. 60% 황산:

    많은 섬유는 60% H_2SO_4에 용해된다. (위치 이동 70%에서 60%로)

15. 70% 황산(실온):

16. 55-60% 디메틸포름아미드(실온):

17. 클로로포름(상온):

18. 67% 염화아연(40-46℃):

▪ 파트 C: 염료 제거

많은 섬유에는 때때로 직물 테스트를 방해하고 좋은 결과를 얻으려면 제거해야 하는 염료, 충전제, 유연제, 광택제 및 정전기 방지제가 포함되어 있다.

이러한 직물 첨가제 중 염료가 가장 큰 문제를 일으키므로 제거해야 한다. 이것을 스트리핑이라고 한다. 스트리핑의 기본 아이디어는 염료를 환원하거나 산화시켜 염료의 색상을 잃게 만드는 것이다. 처음에는 온화한 처리가 사용되며 실패할 경우 보다 강한 처리가 적용된다. 대부분의 현대 염료는 제거하기가 매우 어렵다는 사실을 곧 알게 될 것이다.

스트리핑을 위한 여러 시약이 아래에 제시되어 있다.

1. 천 조각을 구하여 약 1 cm^2 크기의 작은 조각 6개로 자른다.

2. 6개의 30 mL 비커 각각에 조각을 넣는다.

3. 비커에 다음 시약을 추가한다. 각 비커에 하나의 시약을 넣고 확인한다. 혼동되지 않도록 정리한다.

    비커 1. 1% 수산화암모늄 두 방울과 황산나트륨 0.5 g을 물 10 mL를 넣는다. 이는 중성 환원(neutral reduction)으로 간주된다.

    비커 2. 5% 소듐하이드로설파이트, 1% 소듐하이드록사이드, 15% 부틸카비톨을 함유한 용액 10 mL를 첨가한다. 이것은 우수한 일반적인 탈염제이다. 하지만 셀룰로오스 아세테이트나 동물성 섬유에는 작동하지 않는다. 이것은 염기성 환원제이다.

    비커 3. 5% 아세트산 10 mL를 첨가한다. 이것은 산성 제거제로서 실크나 양모에서 염기성 염료를 제거한다.

    비커 4. 1% 수산화암모늄 10 mL를 첨가한다. 이것은 실크나 양모에서 산성염료를 제거하는 염기성 제거제로 간주된다.

    비커 5. 0.1 M 차아염소산나트륨 10 mL를 넣고 수산화나트륨으로 pH 10~11로 조정한다. 이는 셀룰로오스 섬유에 좋으며 염기성 산화제이다.

비커 6. 아세트산으로 pH 5로 조정된 2% 차아염소산나트륨 10 mL를 첨가한다. 가열 중에 ClO_3 연기가 빠져나가기 시작하면 소량의 3% 과산화수소를 첨가한다. 검정색 염료를 제거하는 데 사용된다.

4. 모든 용액을 끓이고, 염료가 제거되거나 반응이 일어나지 않는 것이 명백해질 때까지 천천히 계속 끓인다.

5. 데이터 시트에 결과를 기록한다.

6. 염료가 제거되면 이전과 같이 섬유 식별을 진행한다.

7. 어떤 종류의 섬유가 있는가?

■ **파트 D: 일반 식별**

섬유 식별을 위한 정해진 절차는 없다. 다음은 제안되는 접근 방식이다.

1. 섬유, 원사, 직물에 연소시험을 실시한다.

2. 끓여서 흰색이 된 것이나 또는 염료가 제거된 샘플에 색상 테스트를 사용한다. Xanthroproteic 시험을 포함한다.

3. 섬유 현미경 검사(세로 단면, 단면 또는 둘 다)를 시도한다.

4. 적용 가능한 용해도 테스트를 수행한다. 먼저 아세톤을 사용한다. 섬유 다발, 원사 또는 직물 조각의 크기뿐만 아니라 시간, 온도 및 시약 농도도 중요하다. 테스트 결과의 속도를 높이려면 가능한 가장 작은 샘플을 사용한다.

▪ 파트 A: 염색 테스트

1. 테스트할 섬유를 이 시트에 부착한다.

염색약	TIS I	TIS I	TIS II	TIS II
Known/ unknown	알려진 섬유	알려지지 않은	알려진 섬유	알려지지 않은
직물				

2. 단백질 검사

3. TIS I 또는 II를 이용한 십자염색

4. 섬유 이름을 지정하십시오.
   찢어진 옷에 있는 섬유는

5. 다양한 종류의 옷감에 대해서 시도한다.
   Wrap(덮개 담요나 목도리)에 있는 섬유
   옷감 충진재

▪ 파트 B: 용해도 테스트

다음 용매 중에 실험실에서 가능한 용매를 선정하여 실험한다. 용해도 테스트 중에 발생한 특이하거나
기억에 남는 사건을 기록하라. * 안전에 주의한다.

용매	섬유	특이 사항
1. 100% 아세톤		
2. 100% 아세트산		
3. m-크레졸		
4. 90% 페놀		
5. 티오시안산칼슘		
6. 모노클로로벤젠		
7. 5% 수산화나트륨		
8. 45% 수산화나트륨		
9. 5.25% 차아염소산나트륨		
10. 90% 포름산		
11. 1:1 염산		
12. 농축 염산		
13. 농축 질산		
14. 60% 황산		
15. 70% 황산		
16. 55-60% 디메틸포름아미드		
17. 클로로포름		
18. 67% 염화아연		

용해도 테스트 결과를 설명하라.

■ **파트 C: 염료 제거**

실험 결과를 기록하라.

용액	시료1	시료2		
1. 중성 환원				
2. sodium hydrogensulfite 끓이기				
3. 아세트산 끓이기				
4. 1% NH_3를 끓이기				
5. sodium hydrochlorite (염기성)				
6. sodium hydrochlorite (산성)				
결과				

스트리핑 테스트 결과를 설명하라.

■ **파트 D**

1. 알코올 램프에 섬유를 태워서(버닝 테스트) 결과를 기록하고 설명하라.

2. 각 파트 결과를 종합한 결론을 적고 설명하라.

🔍 **참고 자료**

A. 직물을 이루는 섬유는 대부분 고분자 물질로서 섬유 고유의 성질이 있다. 이래한 성질에 따른 화학 반응으로 섬유의 조성 성분과 섬유의 구조에 관한 정보를 얻을 수 있다. 즉 화학 반응을 통하여 섬유의 종류를 분석할 수 있다.

1. 100% 아세톤(상온): 혼합섬유에 적용된다.

   가용성: 아세테이트, Arnel, Dynel, vinyon.

2. 5% 수산화나트륨(끓는).

   가용성: cultivated silk, hair, wool, Darvan.

   부분 용해성: tussah silk(야생), 재생 단백질 섬유, 아세테이트, Arnel.

3. 5.25% 차아염소산나트륨(상온).

   용해성: 단백질 섬유, hair, 실크, wool.

4. 1:1 염산(상온).

   가용성: 나일론.

5. 진한 염산(상온): Fortisan.

   가용성: 순수 실크, 아세테이트, 나일론, Arnel

6. 진한 질산(상온).

   가용성: 아세테이트, 나일론, Acrilan, Arnel, vinyon, Zefran, Darvan, Creslan, Orlon.

7. 60% 황산: 주로 면에서 비스코스(수용성)를 분리하는 데 사용된다.

   용해성: 큐프라 및 비스코스 레이온, 아세테이트, 나일론, 실크, 아르넬.

8. 클로로포름(상온).

   가용성: 아세테이트, Arnel, vinyon.

Lab Manual; Criminalistics, An Introduction to forensic science, 9th. ed., Richard Saferstein, 2007, Pearson Education, p159-171

https://makezine.com/laboratory-67-test-fiber-specimens/

자국흔(Casting) 제작

반		팀 이름		날짜	
학번과 이름					

🔍 목표

범죄 현장에 남겨진 음식물에서 이빨 자국의 본을 떠는 방법을 익힌다.

범죄 현장에 남겨진 여러 흔적에서 요철 자국의 본을 떠는 방법을 익힌다.

🔍 사례 정보

식당에서 제공된 사과를 화학 실험실에 먹다가 두고 갔다. 화학 실험실에서는 음식물의 섭취를 매우 엄격하게 관리하고 있다. 해당 학생을 찾아서 건강 상태를 확인하고 주의를 주고자 한다. 해당 학생을 찾을 수 있도록 조사관이 해당 사과에서 이빨 자국의 본을 뜬다. 실험실 출입이 가능한 연구원의 이빨 자국이 제공된다.

🔍 범죄 수사관으로서 여러분의 임무

1. 이빨 자국 또는 요철을 가진 흔적에서 본을 만든다.

2. 여러가지 이빨 자국의 본을 비교하여 특징으로 분류하여 식별한다.

3. 요철에 의한 본을 바탕으로 용의자로부터 제공된 본과 비교하여 식별한다.

🔍 실험 1. 치아흔

Flexwax 120을 녹여서 돼지털 솔로 묻혀서 이발 자국이 있는 곳에 펼쳐 바른다. 식어서 굳으면 다시 바르는 것을 반복한다. 이렇게 만든 cast를 이용하여 석고로 원형을 제작할 수 있다.

■ 재료 및 도구

가열 교반기	찜기처럼 스팀을 사용하는 용기
세밀한 작업이 가능한 부드러운 솔	석고(plaster of Paris)
물	사과
Flexwax 120 or similar substance(파라핀 왁스)	

■ 절차

1. 사과 조각을 받아서, 사과를 물어 사과에 깨끗한 치아의 흔적을 남겨라. 사과를 물어 뜯지 않도록 하여 선명한 teeth mark(이빨 자국)를 남겨라.

* 사과대신 스티로폼 컵을 이용할 수 있다.

2. 부드러운 모가 있는 솔을 사용하여 Flexwax가 녹아 있는 곳에 담급니다. 이빨 자국이 있는 사과에 얇게 발라 코팅한다. 잠시 식혀서 굳게 만들고 다시 2차로 코팅을 한다. 이 작업을 코팅이 충분히 견고해질 때까지 반복한다. 이빨 자국이 있는 부분을 충분히 커버해야 하고, 자국의 각 방향으로 조금씩 더 넓게 발라서 본을 만든다.

3. wax를 충분히 식혀라, wax와 사과가 뭉쳐진 채로 개수대에서 흐르는 물에 두면 빨리 식힐 수 있다.

4. 사과에서 cast를 제거하는 과정은 만들어진 틀이 변형되지 않도록 약간의 주의가 필요하다. 쉽게 빠지지 않는다면, 틀의 변형을 막기위해서 사용한 spatula를 칼처럼 사용하여 사과를 잘라낸다.

5. 이제 준비할 석고로 채울 수 있도록 만들어진 wax틀을 다른 물체로 받친다.

6. 250 mL 비커에 수돗물 약 100 mL정도 넣는다. 중간 정도의 반죽 농도가 될 때까지 석고를 추가한다. 충분히 잘 섞어 주고 난 후 wax 틀에 부어 준다. 법과학에 사용되므로 세밀한 부분까지도 재현할 수 있도록 한다.

   반드시 물에다 석고를 넣도록 한다. 석고와 물이 혼합되는 과정에서 열이 발생하는데, 석고에 물을 붓게 되면 급격하게 열이 발생하여 빨리 굳어질 수 있다.

7. 섞은 석고 반죽을 wax 틀에 붓고 난 후 조심스럽게 흔들어 주어서 세밀한 부분까지 채워지도록 한다. 또한 흔드는 것은 기포를 제거하는 효과가 있다.

8. 석고 반죽이 굳을 때까지 반죽이 들어있는 wax 틀을 둔다. 제대로 반죽을 했다면 15분 이상은 기다리지 않을 것이다.

9. 석고 캐스트가 담긴 wax 틀을 녹인 왁스가 담긴 용기로 가져간다. 석고에서 왁스를 떼어내어 용기에 다시 넣는다. 왁스는 여러 번 재사용할 수 있으므로 낭비하지 않도록 주의한다.

10. 석고 본에 식별을 하고, 실험대를 청소한다.

🔍 실험 2. 요철흔 석고본 만들기

■ 재료 및 도구

Water	파리 석고(알지네이트)
모래	모래와 물을 섞는 막대
주스 피처	트레이 또는 팬
작은 스틱	

■ 파트 1: 절차

· 준비하기

제조업체의 지침에 따라 파리 석고와 물을 계량한다. 사용할 준비가 되기 직전까지 섞지 마세요!

· 활동

1. 각 팬에 약 2~3 cm의 모래를 채운다.

2. 물을 넣고 막대를 사용하여 모래가 축축하게 젖도록 섞는다.

3. 범죄 현장에서 인상을 남길 가능성이 가장 높은 신체 부위(예: 손, 발, 신발)를 골라 모래에 단단히 누른다. (손이 가장 좋은 윤곽을 남김.)

4. 주스 피처에 파리 석고와 물을 넣고 섞은 후 각 요거트 용기에 약 300 mL의 혼합물을 빠르게 붓는다. (필요한 양을 표시하기 위해 측면에 미리 표시해 두면 도움이 된다. 석고가 물과 섞이면 굳어지므로 빠른 시간 내에 하는 것이 관건이다.)

5. 손이나 발의 윤곽선 안쪽에 혼합물을 붓고 아이스 캔디 스틱으로 석고가 고르게 분포되도록 펴 바른다.

6. 파리 석고가 굳을 때까지 45분 정도 기다린다.

7. 캐스트가 마르면 캐스트 주변과 아래에서 모래를 부드럽게 파낸다. 트레이에서 캐스트를 조심스럽게 꺼낸다. 본을 뜬 석고는 부서질 수 있으므로 조심스럽게 다룬다.

· 여분의 활동

* 캐스트(석고본)과 그 도장 찍힌 종이를 매칭하기

1. 석고본 소유자는 본인만 식별할 수 있도록 석고본 뒷면에 몰래 기호나 글자를 새겨 넣는다.

2. 각 캐스트의 표면에 잉크를 굴려서 종이에 눌러 print(도장)을 찍고 종이 상단에 자신의 이름을 적는다.

3. 각 캐스트에 번호를 부여하고 모든 사람이 볼 수 있도록 모두 앞면이 보이도록 놓는다.

4. 학생의 이름이 보이는 모든 print된(도장 찍은) 종이를 다른 테이블에 놓는다.

5. 학생들은 석고본을 건드리지 않고 관찰력을 발휘하여 석고본을 도장 찍힌 종이와 일치시키려고 노력한다.

＊ 알지네이트를 석고 대신 사용해서 비교하자.

　치과에서는 알지네이트로 치아본을 뜨고 이것을 석고를 사용하여 치아본을 만든다.

＊ 손가락 지문 본을 뜨는 것을 왁스와 알지네이트로 해 보자.

1. 이빨 자국을 남긴 사람은 누구인가? 어떻게 실험 1의 Bite mark를 사용하여 용의자를 징할 수 있었는가?

2. 이빨 자국은 나이에 따라 차이가 날까(청년과 노인)? 이유를 설명하라.

3. 요철흔을 어떻게 사용하여 특정 물건을 지정할 수 있었는가?

4. 만약 도구흔(tool mark)을 얻고자 한다면 어떻게 하면 될까? 재료와 방법을 자세히 기록하라.

5. 영화 〈미션 임파서블〉처럼 사용 가능하도록 지문의 본을 만드는 방법을 제안하라.

6. 밀랍(왁스), 석고, 알지네이트 틀의 특징을 비교하라.

DNA 지문 감식

반		팀 이름		날짜	
학번과 이름					

🔍 목적

범죄 현장에서 발견되는 DNA 증거를 이용하여 DNA 지문(fingerprint)을 구하는 방법을 이해한다. 현장에서 발견되는 구강 세포 및/또는 모근에서 DNA를 채취, 증폭, 분석하는 방법을 이해한다.

🔍 모의 사건 현장

◯◯◯ 학교의 기숙사내 음식물 섭취 불가 규정에도 불구하고 ◯◯월 ◯◯일 아침 청소 시간 1층 좌측 휴지통에서 컵라면 그릇이 발견되었다. 컵라면 속에는 음식물 흔적과 젓가락 그리고 머리카락 및 침과 같은 타액도 발견이 되었다. 규정을 위반한 사람을 당일 복도 CCTV로는 식별이 어려워 용의자를 특정할 수 없었다. ◯◯◯ 학교의 감식반 학생들은 상황의 심각성을 인지하여 컵라면 속의 타액 성분과 머리카락으로 범인 특정이 가능한지 DNA 지문 분석을 해 보기로 한다.

🔍 범죄 수사관으로서 여러분의 임무

현장의 DNA 증거를 모으고 DNA지문을 증거 샘플에서 분석하고 식별한다.

🔍 재료 및 도구

20%(w/v) Chelex 용액(Chelex 100, biorad)   Proteinase K(10 mg/mL)

1.5 mL 멸균 튜브(e-tube)   멸균된 증류수

70% 에탄올(EtOH)   멸균스왑

PCR machine   PCR premix

가열블록(항온수조)   원심분리기

아가로스 젤   아가로스 젤 전기영동 장치

DNA 래더 표준물질   마이크로 피펫

D1S80 순방향 프라이머: 5'-GAAACTGGCCTCCAAACACTGCCCGCCG-3'

D1S80 역방향 프라이머 : 5'-GTCTTGTTGGAGATGCACGTGCCCTTGC-3'

■ 단계 1) 범죄 현장 모발 샘플에서 DNA 추출

1. 가열 블록 혹은 항온 수조를 56°C로 설정한다. 가열 블록의 경우는 구멍에 물을 채워 사용한다.

2. 멸균 족집게를 사용하여 모발 샘플에서 모낭부분이 있는 부분을 수거한다 1.5 mL 멸균 튜브(e tube) 아래에 잘 넣는다.

3. 샘플 튜브에 200 $\mu\ell$(20% chelex 용액)과 4 $\mu\ell$ Proteinase K(10 mg/mL) 10~15초간 교반한다. (머리카락이 잘 뜨니까 충분히 잠길 수 있도록 한다)

4. 56°C에서 overnight 혹은 6-8시간 시료를 배양한다. (이 과정은 모발 관찰 실험 중에 미리 준비해 두면 시간을 절약할 수 있다. 배양 시에 튜브의 뚜껑이 열릴 수 있으므로 뚜껑을 테이핑하거나 고정하는 것이 좋다.)

5. 배양 후 샘플을 다시 잘 혼합한다.

6. 10분간 끓는 항온 수조에서 샘플 튜브를 배양한다. (튜브의 뚜껑이 열릴 수 있으므로 뚜껑을 테이핑하거나 고정하는 것이 좋다.)

7. 튜브를 15000 g × 5 min 실험테이블용 원심분리기로 돌린다.

8. 샘플을 사용할 준비가 되었다. (이 단계에서 냉동고에 저장하여 향후 실험에 사용할 수 있다)

9. PCR 반응에는 상층액만 사용한다. Chelex 레진의 비드는 Taq 중합효소를 비활성화한다.

■ 단계 2) 구강 세포 샘플에서 DNA 추출

1. 멸균 스왑으로 구강 안쪽을 여러 면 닦아 낸다.

2. 멸균 증류수를 0.5 mL넣고 멸균 스왑을 충분히 흔들어 준다.

3. 멸균 스왑을 제거하고 잘 섞은 후에 50 $\mu\ell$를 멸균 튜브로 옮긴다.

4. 3의 튜브에 150 $\mu\ell$(20% chelex 용액)과 4 $\mu\ell$ Proteinase K(10 mg/mL) 10~15초간 교반한다.

5. 56°C에서 최소 30 min간 시료를 배양한다.

6. 잘 섞어 준 후 10분간 끓는 항온 수조에서 샘플 튜브를 배양한다. (튜브의 뚜껑이 열릴 수 있으므로 뚜껑을 테이핑하거나 고정하는 것이 좋다.)

7. 튜브를 15000 g × 5 min 실험테이블용 원심분리기로 돌린다.

8. 샘플을 사용할 준비가 되었다. (이 단계에서 냉동고에 저장하여 향후 실험에 사용할 수 있다.)

9. PCR 반응에는 상층액만 사용하십시오. Chelex 레진의 비드는 Taq 중합효소를 비활성화한다.

구강 세포의 DNA 추출은 기존 회사의 잘 알려진 방법으로 추출하여도 된다. 예를 들면 바이오니아 구강세포 DNA 추출 키트 혹은 타 회사의 DNA 지문 키트를 사용한다면 주어진 프로토콜에 따른다.

■ 단계 3) 표적 유전자좌의 PCR 분석

DNA 지문 식별에 사용되는 유전자좌는 다수연쇄반복구간 D1S80 VNTR(Variable Number Tandem Repeat)을 사용한다. DNA 지문 식별에 짧은연쇄반복구간(STR) 유전자좌를 많이 사용하지만 D1S80 VNTR은 사람간에 차이가 잘 나타나 실험하기 용이하다.

1. 추출한 DNA용액 10 ㎕을 PCR 믹스 마스터(kit에서 확인)에 추가한다.
2. 순방향 프라이머(10 pmol) 1 ㎕ 그리고 역방향 프라이머(10 pmol) 1 ㎕를 1의 튜브에 추가한다.
3. PCR 기계에 다음과 같이 프로그램한 후 튜브를 넣어 DNA 증폭시킨다. (2일차)

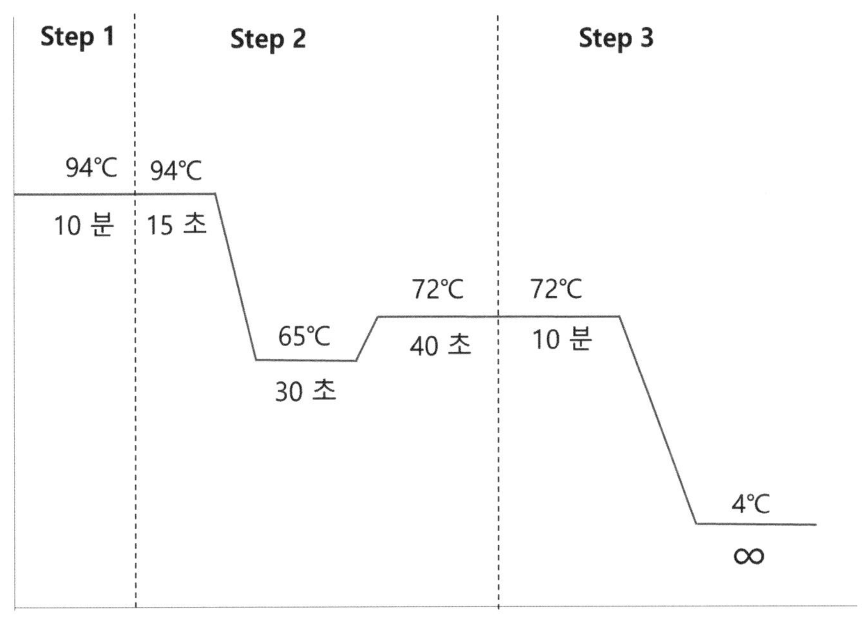

D1S80의 증폭 프로그램

단계 1: 합성전 변성단계 94℃에서 10 분 동안 가열

단계 2: 변성 94℃ 15 초, 결합 65℃ 30 초, 신장 72℃ 40 초 단계 32 사이클 반복

단계 3: 72℃에서 10 분간 유지 후 4℃ 유지(2일차 저녁이나 3일차 모두 일괄 냉장고 보관)

■ 단계 4) 아가로스겔 전기영동을 통한 DNA 길이 분석

PCR한 증폭상태를 아가로스겔상에서 확인하고 DNA의 길이(D1S80 VNTR의 패턴)를 정량화한다. (3일차 실험)

1. 1.2% 아가로스 겔을 준비한다.
2. 25 ㎕ PCR 결과물에 6X 샘플 로딩 버퍼 6 ㎕을 추가한다.

3. 각 샘플이 겔에 로드되는 순서를 기록한다. (1번 레인은 DNA 사이즈 마커 100 bps 혹은 50 bps를 사용한다)

4. 각 샘플과 로딩 버퍼 혼합물 20 ㎕을 겔의 개별 웰에 조심스럽게 피펫팅한다.

5. DNA 래더 표준물질 10 ㎕을 겔의 각 행의 웰 하나 이상에 피펫팅한다.

6. 전기 영동 후 DNA 크기와 패턴을 비교한다.

* https://www.jove.com/kr/t/62305/application-of-dna-fingerprinting-using-the-d1s80-locus-in-lab-classes

1. 아이는 부모와 같은 DNA 지문을 갖게 될까요? 여러분의 답에 대한 근거를 설명하시오.

2. DNA 지문은 어떻게 만들어지는가?

3. 소량의 샘플에서 DNA를 추출하는 원리는 무엇인가?

4. STR의 종류와 특징을 조사해 보자?

5. D1S80 VNTR의 특징은 무엇인가?

6. 이 실험을 통해 어떤 결과를 얻었는가?

7. DNA 패턴을 어떻게 해석하는가?

8. 실험 결과에 따르면 누가 현장에 증거를 남겼는가?

🔍 **References**

Karen Norrgard, Forensics, DNA Fingerprinting, and CODIS, 2008, Nature Education, 1(1):35

🔍 **참고 자료**

DNA 지문에 사용되는 짧은 연쇄반복구간(STR)

인간의 게놈에는 반복되는 DNA 서열로 가득 차 있다. 이러한 반복 서열은 다양한 크기로 존재하며 핵심 반복 단위의 길이 (예를 들면, 2bp의 염기 반복 혹은 3bp의 염기반복), 인접한 반복 단위의 수 및/또는는 반복 영역의 전체 길이 (예를 들면, 7번 반복 혹은 10번 반복)에 따라 분류된다. 짧은 반복 단위(보통 2~6bp 염기길이)를 가진 DNA 영역을 짧은 연쇄반복구간(Short Tandem Repeat, STR)이라고 한다. STR은 염색체의 동원체(염색체의 구조적 중심부위) 주변에서 발견된다. STR은 특히 개인 신원확인에 적합한 장점이 있는 것으로 입증되었다.

STR은 차등 증폭의 문제없이 중합효소 연쇄 반응(PCR)으로 쉽게 증폭할 수 있기 때문에 널리 사용되는 DNA 마커가 되었다. 즉, STR의 PCR 산물은 일반적으로 양이 비슷하여 분석이 더 쉬워진다. 개인은 각 부모로부터 하나의 STR 사본을 물려받으며, 반복 크기가 같을 수도 있고 그렇지 않을 수도 있다. STR 마커의 반복 횟수는 개인마다 매우 다양할 수 있으므로 이러한 STR은 개개인의 식별 목적에 효과적이다.

개인의 신원 확인을 위해서는 가능한 한 가장 높은 변이를 보이는 DNA 마커를 확보하는 것이 중요하다. 성폭행 사건과 같이 샘플의 DNA가 분해되었거나 혼합되어 있는 경우에는 법의학 샘플에서 PCR 증폭 결과를 얻는 것이 어려운 경우가 많다.

STR 마커를 만드는 대립유전자가 작을수록 부서진 DNA가 일반적인 법과학의 경우에 적용하기 더 좋은 유전자가 된다. DNA 샘플이 부서져 있어도 작은 사이즈 표적 유전자로 PCR을 어렵지 않게 진행시킬 수 있다. 크기가 작기 때문에 STR 대립 유전자는 매우 근접한 유전자좌가 선택되지 않도록 다른 염색체 위치에서 더 쉽게 분리될 수 있다. 또한 STR 대립유전자는 돌연변이율이 낮기 때문에 데이터를 더 안정적이고 예측 가능하게 만든다. 이러한 특성 때문에 법과학 사건에서 신원 확인을 위해 변별력이 높은 STR이 정기적으로 선택되고 있고, 피해자, 가해자, 실종자 등을 특정하는 데 사용된다.

1996년부터 FBI 연구소는 전국적인 법과학 연구를 시작하여 CODIS(결합된 DNA 색인 시스템)로 알려진 국가 데이터베이스에 포함할 핵심 STR 유전자좌를 확립하기 위해 노력했다. 13개의 CODIS 유전자좌는 CSF1PO, FGA, TH01, TPOX, VWA, D3S1358, D5S818, D7S820, D8S1179, D13S317, D16S539, D18S51 및 D21S11이다. 이 유전자좌는 개인의 신원확인을 위한 표준으로 국제적으로 인정을 받고 있다.

Jeffreys, A. J., Wilson, V., Thein, S. L. Hypervariable 'minisatellite' regions in human DNA. Nature. 314 (6006), 67-73 (1985).

Kasai, K., Nakamura, Y., White, R. Amplification of a variable number of tandem repeats (VNTR) locus (pMCT118) by the polymerase chain reaction (PCR) and its application to forensic science. Journal of Forensic Science. 35 (5), 1196-1200 (1990)

금속에 새겨졌다 지워진 숫자 복원

반		팀 이름		날짜	
학번과 이름					

🔍 목적

총기나 귀금속 등의 금속에 새겨진 숫자를 고의로 지운 경우 화학적 방법으로 복원하여 확인한다.

🔍 사례 정보

KOSA 연구소는 바닷물에서 금(Au)만을 선택적으로 분리하는 칼럼을 개발하고 있다. 개발된 각 칼럼은 일련번호가 있는 tag을 붙여서 관리하고 있다. 최근 특정 칼럼이 매우 효율적인 분리 방법을 제공하는 것을 알게 되었고 이를 발표하였다. 규정에 의해서 연구소 물품을 외부로 반출할 수 없기에, 산업 스파이는 모든 칼럼의 tag을 훼손하여 원활한 실험을 할 수 없게 하였다. Tag의 일련번호가 훼손된 칼럼에서 분석이 잘되는 일련 번호 105-47를 찾아서 일정 기간 내에 보충 자료를 제공하여 특허를 받아야 한다.

🔍 범죄 수사관으로서 여러분의 임무

금속에서 훼손된 일련번호를 찾아내는 것이다.

🔍 재료 및 도구

비커 100 mL

에머리 천을 감싸는 나무 블록

카메라

약품 점적기

아세톤(세척병에 들어있음)

연강(mild steel)

스테인레스 스틸

알루미늄(Al)

은(Ag)

에머리 천(emery cloth)

안전 고글

면봉(면봉 등)

숫돌

클레이 또는 점토(테두리용)

주철(cast iron)

황동(Brass) 및 구리

납(Pb)

주석(Sn)

HC1 $CuCl_2$

10% $AgNO_3$ $FeCl_3$

HNO_3 10% HCl 용액

증류수

unknown: 이름이나 번호가 찍혀있는 알 수 없는 다양한 종류의 금속 및 목재 조각을 숫돌로 제거한다. 숫자나 문자를 너무 깊게 갈거나 사포질하지 않는다. 단지 사라질 때까지만 한다.

🔍 방법

1. 표면(금속인 경우)을 아세톤으로 조심스럽게 닦아 그리스를 용해시킨다.

2. 일반적으로 해당 부분을 사진 촬영한다. 이 경우 미리 설정이 되어 있으면 그렇게 할 수 있다.

3. 작은 나무 블록 주위에 고운 사포 조각을 놓고 표면을 닦아(원형으로 닦지 않는다) 광택이 나고 거친 갈기 또는 줄질 흔적이 사라지도록 한다. 이는 과도한 용액을 담을 수 있는 깊은 홈집을 제거하기 위해 수행된다. 또한 금속 표면의 산화물 코팅을 제거한다.

4. 다시 아세톤으로 표면을 닦아 주고 지문이 묻지 않도록 주의한다.

5. 접시가 구부러져 있으면 시약을 담을 수 있는 작은 클레이 댐을 주변에 건설한다. 주위를 닦을 경우 해당 부위 자체를 청결하게 유지한다.

6. 가지고 있는 금속의 종류를 결정하고 적절한 시약을 구입한다.

7. 30~40 mL의 시약을 100 mL 비커에 붓는다.

8. 클레이 댐을 만든 경우는 약품 점적기를 사용하여 금속 표면이 덮일 때까지 시약을 첨가한 후 표면을 관찰한다. 클레이 댐을 사용하지 않는 경우 면봉을 사용하여 표면에 시약을 도포할 수 있다. 면봉은 의심되는 부위 위에서 천천히 앞뒤로 움직여야 한다.

9. 표면을 주의 깊게 관찰한다. 숫자나 문자가 나타나기 시작하면 바로 종이에 스케치한다 일부가 나타날 때 다른 일부는 사라질 수 있기 때문이다.

10. 아무 일도 일어나지 않으면 2~3분 간격으로 의심 부위를 계속 닦아낸다. 최소 30분은 하고 종료한다.

11. 어느 정도 숫자 세트가 나타나면 즉시 사진을 찍어라.

12. 해당 지역을 청소하고 부분 번호를 스케치한 종이와 함께 금속 접시를 제출한다.

1. 사용한 금속을 기재한다.

2. 각 과정을 사진으로 첨부하라.

3. 시약과 반응 후 시간에 따라 찍어서 첨부하라.

4. 발현한 숫자를 기록한다.

1. 테스트할 개체의 유형을 명시한다.

2. 사용된 용액의 이름을 지정하고 이를 선택한 이유를 논하라.

3. 대략적인 시간과 함께 관찰된 내용을 기록하라.

4. 금속이 아닌 목재나 플라스틱인 경우는 어떻게 할 수 있는가?

5. 화학적인 방법 외에 사용되는 방법은 무엇이 있는가?

🔍 참고 자료

A. 기본 기술은 다음과 같다.

1. 표면을 깨끗이 닦는다.

2. 고운 사포로 표면을 다듬는다.

3. 모양이 불규칙한 경우 클레이로 해당 지역 주변에 댐을 건설한다(테두리를 만든다). 그렇지 않은 경우 해당 부위를 면봉으로 닦는다.

4. 시약을 추가하고 관찰한다.

5. 15~20분마다 새로운 시약을 댐에 처리하거나 2~3분 간격으로 면봉으로 닦는다.

6. 1~2시간 후에도 아무런 변화가 없으면 시약을 교체한다.

7. 인내심을 갖고 카메라를 바로 사용할 수 있도록 준비해 둔다. 두 번째 기회를 얻지 못할 수도 있다.

* 금속은 매우 잘됨 > 목재와 플라스틱은 어느 정도는 됨 > 가죽 제품은 잘 안 됨

B. 금속과 잘 작동하는 것으로 밝혀진 용액.

1. 연강(mild steel): $CuCl_2$ 90 g + HC1 120 mL + 물 100 mL 용액.

   * 열간 압연되어 공기 산화로 인해 검은색 슬래그 막 형성.

2. 주철(cast iron): $CuCl_2$ 90 g + HC1 120 mL + 물 100 mL 용액.

   * 부서지기 쉽고 표면과 내부에 뚜렷한 입자성이 있음.

3. 스테인레스 스틸: $CuCl_2$ 90 g + HC1 120 mL + 물 100 mL 용액.

   * 냉간 압연되어 광택이 나는 외관을 가짐.

4, 황동(Brass) 및 구리: $FeCl_3$ 25 g + HC1 25 mL + 물 100 mL 용액.

5. 알루미늄(Al): $FeCl_3$ 25 g + HC1 25 mL + 물 100 mL 용액.

9. 납(Pb): 10% $AgNO_3$ 용액.

   * 질산은 용액이 햇빛에 노출되면 닿은 피부가 검게 변하므로 피부에 닿으면 즉시 씻어 낸다.

10. 은(Ag): HNO_3 32 mL + 증류수 290 mL 용액.

    * 질산 용액은 즉시 씻어내지 않으면 닿은 피부가 노랗게 변할 것이다.

11. 주석(Sn): 10% HCl 용액.

CSI 교육 효과 수행 과제

반		팀 이름		날짜	
학번과 이름					

🔎 목표

CSI 효과에 대한 자신의 의견을 기술하자.

🔎 배경 사례

CSI 드라마(CSI 라스베가스, 마이애미, 뉴욕 등)는 법과학적 증거의 중요성에 대해 생각해 볼 수 있는 기회를 주었지만, 이로 인해 배심원들의 증거에 대한 오해나 범죄에 대한 학습효과(CSI 효과)가 높아질 수 있다는 우려가 있다.

🔎 과제

첨부된 논문에서 4가지 연구 방법 중에 하나를 선택하여 연구 방법과 연구 결과를 정리하고(**과제 1**), CSI 효과에 대한 자신의 의견(예: 이 효과에 대한 일반적인 의견 또는 의문점, 새로운 연구 방법 개발) 등을 기술하시오(**과제 2**).

The CSI-education effect: Do potential criminals benefit from forensic TV series?

Andreas M. Baranowski, Anne Burkhardt, Elisabeth Czernik, Heiko Hecht

https://www.sciencedirect.com/science/article/abs/pii/S1756061617301374

1. 범죄 통계와 범죄 적발률 분석. compared crime clearance rates
2. 범죄 은폐에 대한 범죄 드라마의 유용성에 대한 유죄 판결을 받은 범죄자들의 의견 조사. expert opinion
3. 범죄 드라마 팬과 비시청자 대조군을 대상으로 흔적을 남기지 않고 노트북을 가져오는 모의 실험과 살인 사건 현장 청소를 하는 모의 실험. commit mock crimes
4. 120명의 피험자를 대상으로 모형을 사용하여 살인 사건 현장을 청소하도록 했다. evidence detection experiment

🔍 **참고 자료**

SCI 효과(CSI effect)

과학수사 기법의 효과를 지나치게 과장하고 멋지게 포장해서 보여 주는 TV 드라마는 일반 대중의 인식에 영향을 미치고, 이는 다시 재판에 영향을 끼쳐 한쪽으로는 '드라마처럼 명확한 법과학 증거'와 '드라마처럼 멋지고 극적인 법과학 증거의 제시'가 이루어질 것을 기대하게 만들고, 다른 한쪽으로는 '법과학 증거는 드라마처럼 완벽할 것'이라는 믿음을 갖게 만드는 효과라고 정의할 수 있다.

이 CSI 효과는 검찰과 피고 측 모두에게 유리하게, 혹은 불리하게 작용할 수 있다.

2007년 애리조나 주립대학 심리학과 Schweitzer & Saks "The CSI Effect" Jurimetrics, 2007)

나는 이 분야의 전문가다 수행 과제

반		팀 이름		날짜	
학번과 이름					

법과학은 다양한 기준으로 분류하여 정리되어 있다. 내용을 위주로 다음과 같은 항목을 포함하는 것이 일반적이다. 이러한 항목 중에서 수업에서는 학교 실험실에서 실험할 수 있는 것과 직접 실생활에 사용 가능한 내용을 중심으로 다루었다.

법과학 연구소에서는 각자 전문 분야를 가지고 연구를 하고 있다. 교재에 나와 있지 않는 방법을 원리와 방법을 깊이 있게 찾아서 정리하면서 해당 분야의 전문가가 되어 보자. 보고서를 정리할 때는 반드시 참고 문헌이 해당 문구에 기록되어 있어야 한다.

다음은 일반적으로 법과학에서 분석하는 분야이다. 아래에 나열되지 않은 분야도 가능하다.

· 법과학의 발전

· 법과학의 기본 개념

· 증거의 유형 및 분류

· 현장 조사

  - 사건 현장 보호 및 관리

  - 증거 수집 및 보존

  - 현장 조사 기법(장비 및 기술)

· 약물 및 독성물질 분석(IR, GCMS, XRD), 은 변색

· 화학적 잔류물(증거) 분석(nitrite분석)

· 화재 및 폭발물 분석(Arson test, 발화 지점, 화재 감식, 잔류 휘발 성분 분석)

· 법의학(사망 원인 및 사망 시점, 시체의 흔적, 검시, 부검 절차, 병리학)

· 디지털 포렌식(컴퓨터, 모바일, 네트워크 및 database 포렌식, 안티 포렌식)

· 영상 증거 분석, 음성 증거 분석

· 탄도학 및 총기 분석

· 문서 분석(필적 감정, 문서위조 및 변조 감정, 인쇄물 및 잉크 분석)

· 프로파일링 기법

· 심문 및 인터뷰 기법

· 증거의 인정 및 배제

· 법과학의 최신 기술 및 도구(학회)

또는 다음과 같이 세부 항목별로도 조사할 수 있다.

1. 유리나 전조등의 조각(밀도 측정, 현미경을 이용한 조각 단면이나 형태, 굴절률 비교)

2. 화약 잔여물(nitrite 검출)

3. 금속 잔여물(발색, 불꽃반응, AAS, ICP, XRF, EDX 등)

4. 소변

5. 모발의 화학적 검사

6. 뼈(age, gender, fracture. etc.)

7. 총알 분류

8. 정액 확인

9. 현미경으로 미세 구조 관찰(식물의 잎, 자동차의 페인트 코팅 단면, 섬유의 단면, 모발 등)

10. 밀도 측정 방법과 응용(동물 및 생선 뼈 분류).

11. 바퀴 자국

12. 분석 기기 활용(적외선 분광기, 자외선 가시광선 분광기, 형광 분광기, 센서, 크로마토그래피, 질량
    분석기, 전자현미경 등)

13. 미세증거와 군집증거

14. 음주 측정 방법(센서 측정기, 혈액에서 추출)

15. 범죄의 재구성

🔎 참고 자료

한국의 CSI(표창원, 유제설, 2011, 북라이프)

과학수사 기본규칙

디지털 증거의 처리 등에 관한 규칙

사례 조사 수행 과제

반		팀 이름		날짜	
학번과 이름					

🔍 **사례(범죄 케이스)를 알기 쉽게 기술**(* 출처를 반드시 명시하라.)

- 범인 특정 방법을 다른 학생이 알 수 있도록 원리와 방법에 대하여 논하라.

- 과학적 포인트를 기술하라.

그린리버 연쇄 살인(green river killer)

1982년 성매매 여성의 살인, 여성들의 몸에서 2001년에 DNA 검사, 자동차 회사 페인트공 게리 리지웨이를 DNA로 잡음.

성매매 여성이므로 가능하다고 주장함(현장에 있었고 피해자와 접촉한 사실을 인정하면서 범행에 대해서는 부인- 특수한 페인트가 피해자와 용의자에서 발견됨).

- 코난도일의 조지 에달지 사건
- 웨인 윌리엄스 사건
- 한국의 CSI(표창원, 유제설, 한국의 CSI, 2011, 북라이프)

최종 법과학 수행 과제

반		팀 이름		날짜	
학번과 이름					

🔎 범죄 소개

학습한 실험을 종합해서 제시할 수 있어야 한다.

🔎 범죄 현장 설정(또는 방 디자인 배경)

🔎 범죄 현장 스케치(또는 룸 스케치)

🔎 수행된 증거 및/또는 조사에 대한 설명

🔎 사건 결론

🔎 기타 의견

【평가 그룹 1】

· 구성원(ID 번호 및 이름):

· 주제:

【평가 그룹 2】

· 구성원(ID 번호 및 이름):

· 주제:

【평가 그룹 3】

· 구성원(ID 번호 및 이름):

· 주제:

【평가 그룹 4】

· 구성원(ID 번호 및 이름):

· 주제:

【평가 그룹 5】

· 구성원(ID 번호 및 이름):

· 주제:

<table>
<tr><td colspan="2" style="text-align:center">평가 학생</td></tr>
<tr><td>ID 번호 및 이름</td><td></td></tr>
</table>

● (1점 ~ 5점) 낮은(1점), 중간(3점), 높음(5점)

분류	평가 그룹1	평가 그룹2	평가 그룹3	평가 그룹4	평가 그룹5
아이디어					
발표					
흥미					
구성원의 역할					
과학적인 부분					
합계					
각 평가항목의 점수에 대한 설명					

Innocence project(무죄 프로젝트)

케니 워터스는 살인 혐의로 기소되어 유죄 판결을 받고 18년 동안 감옥에서 복역한 후 DNA 검사로 무죄가 입증되었습니다. 그의 누이인 베티 앤 워터스는 오로지 오빠를 돕기 위해 대학과 로스쿨을 다녔습니다. 그녀는 innocence project(무죄 프로젝트)와 함께 2001년에 오빠의 무죄 판결을 이끌어내기 위해 끊임없이 노력했습니다.

사건 발생

1980년 5월 21일 아침, 캐서린 라이츠 브로우는 매사추세츠의 자택에서 살해당했습니다. 그녀의 시신은 오전 10시 45분에 발견되었는데, 집안 곳곳에 핏자국이 있었고 지갑과 보석류, 현금이 들어 있던 봉투가 모두 사라져 있었습니다.

수사 및 재판

범죄 현장 수사관들은 집안에서 범인의 것으로 추정되는 머리카락, 혈액, 지문을 수거했습니다. 범행 도구로 추정되는 식칼은 집 안의 쓰레기통에서 수거되었습니다.

케니 워터스는 여자친구 브렌다 마쉬와 함께 피해자 옆집에 살았다는 이유로 용의자로 지목되었습니다. 그는 매사추세츠주 에어에 있는 파크 스트리트 다이너에서 일했는데, 브로우도 이곳을 자주 찾았습니다. 식당 직원들은 브로우가 집에 거액의 현금을 보관하고 있다는 사실을 알고 있었다고 합니다.

워터스는 경찰 조사를 받으면서 브로우가 살해된 날 오전 8시 30분까지 일했고 동료가 그를 집에 데려다줬다는 강력한 알리바이를 제시했습니다. 그는 오전 9시 출두를 위해 옷을 갈아입고 변호사와 함께 에어 법원에 있었습니다. 그는 오전 11시 이후에 법원을 나와 식당으로 돌아와 오후 12시 30분까지 머물렀다고 말했습니다. 경찰관들은 그의 옷과 몸을 검사했지만 혈흔이나 상처는 보이지 않았다고 합니다. 그는 지문을 채취하고 추가 심문을 받았지만 기소되지는 않았습니다.

이 사건은 2년 넘게 미제로 남아있었습니다. 1982년 10월, 당시 워터스의 전 여자 친구였던 브렌다 마쉬와 함께 살고 있던 로버트 오스본이라는 남성이 아이어 경찰서를 찾아가 돈을 받고 살인 사건에 대한 정보를 제공하겠다고 제안했습니다.

오스본은 마쉬가 워터스가 자신이 한 여성을 죽였다고 자백했다고 말했다고 말했습니다. 오스본이 정보 제공에 대한 보상을 받았는지 여부는 알려지지 않았습니다. 이후 경찰은 마쉬를 심문하고 오스본의 주장을 확증하지 않으면 살인 공범으로 기소하고 자녀를 데려가겠다고 협박한 것으로 알려졌습니다. 그녀는 처음에는 오스본의 진술이 사실이 아니라며 거부했습니다. 하지만 결국 그녀는 협조에 동의했고, 사건 당일 아침 워터스가 얼굴에 길고 깊은 상처를 입은 채 집으로 돌아왔다고 경찰에 진술했습니다.

워터스의 또 다른 전 여자친구인 로제나 페리도 처음에는 범죄에 대한 정보가 없다고 경찰에 진술했지만, 3시간이 넘는 심문과 체포 위협 끝에 워터스가 여성을 찌르고 돈과 보석을 훔쳤다는 말을 했다고 말했습니다. 이 진술에 근거하여 워터스는 살인 혐의로 기소되었습니다.

워터스의 재판은 1983년 5월에 시작되었습니다. 지문과 머리카락의 증거는 피해자나 워터스와 일치하지 않았지만. 워터스는 1983년 5월 11일 유죄 판결을 받고 종신형을 선고받았습니다.

[유죄 판결 후 조사]

워터스는 1983년부터 1999년 사이에 유죄 판결에 대해 여러 차례 항소했습니다. 로제나 페리는 워터스가 유죄를 인정했다는 재판 증언을 철회했지만, 새로운 재판을 요청하는 그의 항소는 기각되었습니다.

워터스가 유죄 판결을 받은 후 그의 누이인 베티 앤 워터스는 오빠의 무죄를 입증하기 위해 노력했습니다. 그녀는 오빠의 무죄를 입증하기 위해 대학에서 로스쿨에 진학했습니다. 1999년, 그녀는 범죄 현장에서 채취한 혈액 증거를 찾아내고 DNA 검사 가능성을 위해 증거를 보존하라는 법원 명령을 받아냈습니다. 2000년에 그녀는 innocence project와 함께 이 사건에 대해 일하기 시작했습니다. 그녀와 이노센스 프로젝트는 미들섹스 카운티 지방검찰청과 함께 사설 연구소에서 증거물에 대한 DNA 검사를 실시할 수 있도록 합의했습니다. 그 결과 워터스는 범인이 아니라는 사실이 밝혀졌고, 워터스의 유죄 판결은 얼마 지나지 않아 무효화되었습니다. 자신이 저지르지도 않은 범죄로 18년 가까이 감옥에 갇혀 있던 워터스는 검찰이 재심 여부를 검토하는 동안 풀려났습니다.

2001년 3월 15일, 지방검찰청은 워터스에 대한 모든 기소를 취하하고 그의 무죄 판결이 공식화되었습니다. 안타깝게도 워터스는 출소 후 6개월 만인 2001년 9월 19일 비극적인 사고로 사망했습니다.

🔎 참조

1. 베티 앤 워터스, 케니 워터스, 이노센스 프로젝트 공동 감독 배리 쉑이 출연하는 영화 〈컨빅션〉 스토리 시청하기

   https://www.youtube.com/watch?v=NrPtr0aQx3s

2. 영화 〈컨빅션〉의 자료와 비하인드 스토리를 찾아서 시청하세요.

1. Innocence project에 대해서 자세히 찾아보자.

2. 한국에서 유사한 단체나 활동을 찾아보고 사례를 발표하라.

3. 과학자로서 할 수 있는 일은 무엇이 있을까?

* Innocence Project 홈페이지에 보다 많은 정보가 있다.

　https://innocenceproject.org/

■ 참고 도서

Pam Walker, Elaine Wood, Crime Scene Investigations: Real-Life Science Labs For Grades 6-12 1st ed., 1998, Jossey-Bass

D. P. Lyle, Forensics for Dummies, 2004, Wiley Publishing

Barbara Deslich, John Funkhouser, Forensic Science for High School 1st ed., 2005, Kendall Hunt Publishing;

Suzanne Bell, Forensic Chemistry 1st ed., 2006, Pearson Education

Richard Saferstein, Criminalistics: An Introduction to Forensic Science 9th ed., 2007, Pearson Education

Thomas Kubic, Nicholas Petraco, Forensic Science Laboratory Manual and Workbook 3rd ed. 2009, CRC press

Alan Langford, John Dean, Rob Reed, David Holmes, Jonathan Weyers, Allan Jones, Practical Skills in Forensic Science 2nd ed., 2010, Pearson Education

Max M. Houck, Jay A. Siegel, Fundamentals of Forensic Science 2nd ed., 2010, Elsevier

강유(역), 사이버 범죄 소탕작전 컴퓨터 포렌식 핸드북, 2003, 에이콘출판사

유혜경(역), 지문- 범인을 읽는 신체 코드, 2006, ㈜황금가지

표창원, 유제설, 한국의 CSI, 2011, 북라이프,

오계헌, 이병욱 (역), 범죄수사를 위한 필수 법생물학 2판, 2011, 월드사이언스

박기원 (역), 과학수사 입문, 2012, 성능출판사

박기원, DNA 분석과 과학수사, 2013, ㈜산림출판사

박기원, 과학이 밝히는 범죄의 재구성, 2013, 살림FRIENDS

강대영, 채종민 외 9인 공저, 법의학, 2016, 정문각

조상현, 현직 CSI가 들려주는 알기 쉬운 과학수사, 2020, 부크크

■ 추가 자료 및 참고 사이트

미국의 법과학회(American academy of forensic science, AAFS, www.aafs.org) 산하 법과학교육과정인증위원회 (forensic science education programs accreditation commission, FEPAC)

미국 법무부(U.S. Department of Justice), The Fingerprint sourcebook.
https://www.ojp.gov/pdffiles1/nij/225320.pdf

■ 도서(도서관 경유)

Ashraf Mozayani, Carla Noziglia, The Forensic Laboratory Handbook Procedures and Practice, 2011, Humana Press

■ 학술지

한국법과학회지
http://www.ksfs.org/htmL/sub0301.htmL

■ 학술지(도서관 경유)

Forensic Science International
https://www.sciencedirect.com/journal/forensic-science-international/publish/open-access-options

쉽게 배우고, 함께 즐기는

법과학 실험

ⓒ 천만석·강광일, 2025

초판 1쇄 발행 2025년 5월 25일

지은이   천만석·강광일
펴낸이   이기봉
편집   좋은땅 편집팀
펴낸곳   도서출판 좋은땅
주소   서울특별시 마포구 양화로12길 26 지월드빌딩 (서교동 395-7)
전화   02)374-8616~7
팩스   02)374-8614
이메일   gworldbook@naver.com
홈페이지   www.g-world.co.kr

ISBN   979-11-388-4289-1 (43350)

• 가격은 뒤표지에 있습니다.
• 이 책은 저작권법에 의하여 보호를 받는 저작물이므로 무단 전재와 복제를 금합니다.
• 파본은 구입하신 서점에서 교환해 드립니다.

---

* 이 성과물은 과학기술정보통신부의 지원을 받아 수행된 결과물입니다.